Angelika von der Beek · Matthias Buck · Annelie Rufenach

# Kinderräume bilden

Angelika von der Beek
Matthias Buck
Annelie Rufenach

# Kinderräume bilden

## Ein Ideenbuch für Raumgestaltung in Kitas

Beltz Verlag · Weinhein, Basel, Berlin

**Ihre Wünsche, Kritiken und Fragen richten Sie bitte an:**
Beltz Verlag, Fachverlag Soziale Arbeit, Erziehung und Pflege,
Pestalozzistr. 5 - 8, 13187 Berlin

ISBN 3-407-56070-2


1. Auflage 2001

03 04 05 06 07 5 4 3 2



Planung: Eva Grüber, Claudia von Zglinicki
Satz: Jens Klennert, Tania Miguez, Kiliansroda
Druck: Gutenberg Druckerei, Weimar
Fotos: siehe S. 172
Umschlaggestaltung: Jens Klennert, Tania Miguez, Kiliansroda
Titelfotografie: Klaus Dombrowsky
Printed in Germany

Weitere Informationen finden Sie im Internet unter http://www.beltz.de

# Inhalt

# Einleitung – Räume bilden

In Abwandlung eines Satzes von Paul Watzlawick könnte man sagen: Man kann nicht nicht raumgestalten! Egal, was man mit ihnen macht: Räume wirken! Aber kann man Räume wirklich so bilden, dass sie bilden? Wenn Bildung, wie Gerd Schäfer es formuliert, etwas mit Selbsttätigkeit zu tun hat, dann »kann (man) nicht gebildet werden, bilden muss man sich selbst«.[1] Was bedeutet das für die Gestaltung von Räumen in Kindertagesstätten?

Wir gehen von einem aktiven Kind aus, das sich aus eigener Initiative und mit den Mitteln bildet, die ihm seine Umwelt bereitstellt. Selbstverständlich braucht das Kind Erwachsene, die seine Signale angemessen beantworten. Kinder bauen besondere persönliche Beziehungen zu den ihnen am nächsten stehenden Erwachsenen auf, so genannte Bindungsbeziehungen. »Sie benutzen diese Personen, um sich im schwierigen Prozess des forschenden Lernens im Gleichgewicht halten zu können. Lernen ist immer ein Einlassen auf das noch nicht Gewusste und ist mit Unsicherheit verbunden. Schon Gewusstes muss aufgegeben werden zugunsten von besseren Hypothesen. In diesem Prozess brauchen die Kinder einen solchen Rückhalt.«[2] Auf die kaum zu überschätzende Rolle der Erzieher/-innen als Bindungspersonen für die Kinder werden wir allerdings nur am Rande eingehen können.

Außer erwachsenen Bezugspersonen benötigen Kinder andere Kinder für elementare Bildungsprozesse. »Es sind soziale, aber auch kognitive und moralische Fähigkeiten, und zwar in ihrer gegenseitigen Verschränkung, die die Kinder im Umgang miteinander erwerben. In der Auseinandersetzung um gemeinsame Spielvorhaben nämlich lernen sie überhaupt erst, was es heißt, einen Partner zu gewinnen und für die eigene Idee zu begeistern, ohne ihn zu brüskieren; sie lernen, wie man zu einem gemeinsamen Verständnis einer Situation kommt, wie sie Konflikte konstruktiv lösen können, ohne das Zusammensein endgültig zu gefährden, und dabei Kompromisse einzugehen, ohne sich und andere zu verraten. (...) Was sich Kinder zunehmend

---

1 *Gerd Schäfer: Bildungsprozesse im Kindesalter. Juventa Verlag, Weinheim und München, 1995, S. 19*

2 *Hans-Joachim Laewen: Kindheit im Umbruch der Gesellschaft. In: Kirsten Simon/Dorothea Wahn-Layen (Hrsg.): Kinder brauchen Kinder. Neue Wege in der Kinderbetreuung, Dresden 1998*

und im Grundschulalter schließlich ganz ohne Hilfe von Erwachsenen – oft auch in hartem Streit – gemeinsam erarbeiten, sind sowohl die Voraussetzungen, um Beziehungen zu anderen Menschen aufbauen und am Leben erhalten zu können, als auch die Voraussetzungen für Kooperation.«[3]

Wir beschäftigen uns mit den Gegenständen, die Kinder für ihre Bildung brauchen. Zu ihnen gehören Materialien und Räume. Die Kita nimmt Einfluss auf die Selbstbildungsprozesse von Kindern, indem sie ihnen Räume und Materialien zur Verfügung stellt. Wir möchten dazu anregen, Räume so zu bilden, dass sie dem forschenden Lernen der Kinder Themen anbieten und Materialien bereitstellen, die kindliche Tätigkeiten herausfordern. Die Raumgestaltung soll den Rahmen zur Entwicklung befriedigender sozialer Beziehungen, insbesondere unter gleichaltrigen Kindern, abgeben. Sie soll jedem Kind ermöglichen, Spielpartner, Spielinhalte und Materialien frei zu wählen. Dazu brauchen Kinder Orte, die ihren elementaren Bedürfnissen nach Begegnung, Bewegung und Ruhe, Spiel und Gestaltung Rechnung tragen. Die freie Wahl der Räume und Materialien erfordert ein strukturiertes und deshalb leicht erkennbares Angebot.

3 *Ursular Peukert: Sinnvolle Alternative oder Notbehelf? Pädagogische Überlegungen zu altersgemischten Gruppen in Kindertagesstätten. In: Lothar Krappmann/Ursula Peukert (Hrsg.): Altersgemischte Gruppen in Kindertagesstätten, Lambertus Verlag, Freiburg im Breisgau 1995, S. 80*

Wir empfehlen, statt multifunktionaler Gruppenräume Räume mit klaren Funktionen, also zur Einnahme von Mahlzeiten, für Bewegung, Ruhe, Rollenspiel, Bauen usw., einzurichten. Sie eröffnen Kindern mehr Möglichkeiten, indem sie Erzieher/innen die Chance bieten, ihre Rolle neu zu definieren. Sie können sich in einer Weise zu Experten und Expertinnen für ein wichtiges Thema der Kinder entwickeln, die häufig über das hinausgeht, was sie im Gruppenraum praktiziert haben bzw. praktizieren konnten. Die Reduzierung von Komplexität erleichtert es den Erzieher/innen, die Räume so zu gestalten, dass die Kinder ihre Sinne entfalten können. Die zumindest zeitweise Beschränkung ist eine wichtige Voraussetzung dafür, dass sich Erzieher/innen spezielle Kenntnisse über eine anregungsreiche Gestaltung des jeweiligen Raumes aneignen, sie umsetzen und überprüfen können.

Die Einrichtung von so genannten Funktionsräumen ist natürlich nicht zwangsläufig mit einer pädagogischen Arbeitsteilung verbunden. Die Spezialisierung der Erzieher/innen bietet in unseren Augen jedoch die Chance, sich stärker für die Interessen, Bedürfnisse, Fähigkeiten und Grenzen der Kinder zu sensibilisieren. Um die Spezialisierung als Erweiterung der persönlichen Fähigkeiten und nicht als Einschränkung zu erleben, müssen die Rahmenbedingungen stimmen. Dazu gehört, dass es die Möglichkeit zur Auseinandersetzung mit den jeweiligen Themen durch Lektüre, Fachberatung, Fortbildung und Hospitationen gibt sowie ausreichende Zeiten für den regelmäßigen Austausch im Team.

## Neue Handlungsspielräume

Die bundesrepublikanische »Kita-Szene« befindet sich im Umbruch. Das zeigt sich am deutlichsten in den neuen Bundesländern. Sowohl in den neuen als auch in den alten Bundesländern werden Kita-Konzepte geschrieben. Es wird über Qualitätssicherung nachgedacht. Neue Steuerungsmodelle werden eingeführt. Die offene Arbeit breitet sich, von Norden kommend, aus. Die Reggio-Pädagogik gewinnt immer mehr Anhänger und der Situationsansatz erlebt eine neue Konjunktur. Waldkindergärten werden eröffnet. Suchtberater propagieren den »spielzeugfreien« Kindergarten. Der Gedanke der Nichtaussonderung und die gemeinsame Betreuung von behinderten und nicht behinderten Kindern wird allmählich zur Selbstverständlichkeit. In die Diskussion über die außerfamiliäre Betreuung von Schulkindern ist Bewegung gekommen – ob im Rahmen der Ausweitung des schulischen Angebots durch die »Verlässliche Halbtags(grund)-schule« oder einer Befruchtung der Horterziehung durch die Freinet-Pädagogik. Nicht zuletzt tragen die jahrzehntelangen Bemühungen um eine Aufwertung und Qualifizierung der Kleinstkinderbetreuung in Krippen oder altersgemischten Gruppen Früchte. Alle diese Entwicklungen haben eine Veränderung der Raumgestaltung nach sich gezogen. Ohne eine Umgestaltung der Räume lässt sich kein neues Konzept verwirklichen. Und ohne Konzept ist Raumgestaltung nur modischer Firlefanz.

Wir sind interessiert an Antworten auf die Frage: Welche Kita brauchen Kinder, um gut darin zu leben? Deshalb verlassen wir uns bei unseren Überlegungen zur Raumgestaltung nicht auf ein einzelnes Konzept. Situationsansatz, Reggio-Pädagogik, offene Arbeit und integrative Pädagogik scheinen uns in wichtigen Punkten übereinzustimmen. Sie haben ein gemeinsames Bild vom Kind als »Konstrukteur seiner Entwicklung«. Einig sind sich alle vier Konzepte darin, dass Kinder sich nicht mit den Dingen an sich, sondern in einem Handlungszusammenhang beschäftigen. Sie eignen sich ihre Umwelt an, indem sie Erfahrungen in konkreten Lebenssituationen machen. Bildungsprozesse vollziehen sich in der Beteiligung der Kinder am Alltagsgeschehen, durch Selbstorganisation und in der Erfahrung von Konflikten, in denen mit Unterschiedlichkeiten konstruktiv umgegangen wird. Die Kinder sollen sich in der Kita wohl fühlen. Dazu brauchen sie zum einen die Zuwendung von Erzieher/innen und zum anderen eine von den Erwachsenen geschaffene, anregende Umgebung.

Die Raumgestaltung soll so sein, dass die Kinder selbst tätig werden und wählen können. Allerdings gewichteten in der Vergangenheit die verschiedenen Ansätze die Bedeutung des Raumes für die Selbstorganisation der Kinder und die Unterstützung der pädagogischen Arbeit der Erzieher/innen unterschiedlich. Im Vergleich zum Situationsansatz legen Reggio-Pädagogik, offene Arbeit und integrative Pädagogik mehr

Wert auf Räume, die alle Sinne der Kinder anregen. Oder es wird, wenn man zum Beispiel die Reggio-Pädagogik mit der psychomotorisch orientierten offenen Arbeit vergleicht, die Bedeutung der Bewegung beziehungsweise des bildnerischen Gestaltens für den kindlichen Entwicklungsprozess unterschiedlich betont.

Die hier angedeuteten Unterschiede waren für uns Anlass, über die Möglichkeiten einer Synthese der Ansätze nachzudenken. Wir finden, dass sie sich gegenseitig wunderbar ergänzen. Da wir ein Ideenbuch zur Raumgestaltung vorlegen, können wir keine Darstellung dieser umfangreichen Konzepte leisten. Wir werden versuchen, durch den ausdrücklichen Bezug auf die jeweiligen Konzepte klarzumachen, in welcher Weise die unterschiedlichen Akzente in der Raumgestaltung ihren Niederschlag finden. Nicht jeder dieser Ansätze hat ein für uns erkennbares Raumgestaltungskonzept. Das betrifft vor allem den Situationsansatz. Wir haben allerdings den Eindruck, dass wichtige Vertreter des Situationsansatzes in den letzten Jahren für die Raumgestaltung entscheidende Impulse aus der offenen Arbeit und der Reggio-Pädagogik aufgenommen haben.

Anregungen aus der Theorie und Praxis der gemeinsamen Betreuung von behinderten und nicht behinderten Kindern finden sich in beinahe jedem Kapitel wieder. Dabei gehen wir davon aus, dass es sich bei der Integration von behinderten Kindern nicht um eine besondere pädagogische Methode, sondern in erster Linie um ein Prinzip der Organisation – und zwar das der Nichtaussonderung – handelt. Reggio-Pädagogik, offene Arbeit und Situationsansatz gehen gemeinsam vom Prinzip der Nichtaussonderung aus. Daran anschließend soll unser Raumgestaltungskonzept eine Pädagogik der Prävention und frühen Förderung bei Behinderung ermöglichen. Wir werden deshalb behinderte Kinder nicht ausdrücklich erwähnen.

## Was heißt offene Arbeit?

Im Unterschied zu Reggio-Pädagogik und Situationsansatz gibt es offensichtlich keine Einigkeit darüber, was unter offener Arbeit im Kindergarten zu verstehen ist. Ingeborg Becker-Textor und Martin Textor beschreiben eine Vielfalt von Formen, zum Beispiel Öffnung von Gruppen, Öffnung zur Familie hin oder Öffnung nach außen[4]. Wir knüpfen an das Konzept von offener Arbeit an, das zusammen mit Kindergärten, vor allem in Niedersachsen, von Axel Jan Wieland und Gerhard Regel entwickelt worden ist[5]. Ihr zentrales Anliegen ist eine Pädagogik, die sich an den kindlichen Bedürfnissen orientiert und die Bewegungsfreude der Kinder an den Anfang aller pädagogischen Überlegungen stellt. Eine der wichtigsten praktischen Fragen in den Kindergärten, die offen arbeiten wollten, war deswegen: Können sich die Kinder frei bewegen? Wenn die Antwort lautete: Nur draußen, nicht drinnen, wurde darüber nachgedacht, welche Bewegungsmöglichkeiten den Kindern im Haus eröffnet werden könnten. Als erste Konsequenz lag es nahe, die Gruppentüren zu öffnen, damit die Kinder sich im Haus frei bewegen können. Zum Zweiten lag es nahe, Bewegungsräume einzurichten. In einigen Kindergärten konnten zu diesem Zweck größere Eingangshallen umfunktioniert werden. In anderen Kitas mussten Gruppenräume zu Bewegungsräumen umgestaltet werden. Das war die Geburtsstunde der Funktionsräume.

Funktionsräume dienen im Gegensatz zu Gruppenräumen einigen wenigen definierten Zwecken. Bewegungsräume zum Beispiel haben die Funktion, dass man sich in ihnen großräumig und frei bewegen kann. Sie unterscheiden sich von herkömmlichen Gruppenräumen dadurch, dass die Handlungsmöglichkeiten der Kinder nicht durch die Möblierung weitgehend vorgegeben sind. Sie sind auch nicht monofunktional. In ihnen kann Bewegung mit Rollenspiel, Rückzug und Bauen verbunden werden. Aber sie sind nicht so multifunktional wie Gruppenräume, in denen auch noch gegessen, am Tisch gespielt und gebastelt wird.

Offen zu arbeiten heißt zwar, den Kindern Freizügigkeit im ganzen Haus zu gewähren. Aber selbstverständlich reicht es nicht aus, nur die Türen zu öffnen[6]. Es besteht die Gefahr, dass dabei nur Durchzug entsteht. Die Offenheit muss zuallererst zwischen den Erzieher/innen hergestellt werden, die sich nicht mehr ausschließlich für die Kinder ihrer Gruppe zuständig fühlen dürfen. Aus dem Gefühl der Verantwortlichkeit aller Erwachsenen für die Kinder im ganzen Haus erwächst wiederum die Not-

4 *Ingeborg Becker-Textor/Martin Textor: Der offene Kindergarten – eine Vielfalt von Formen. Verlag Herder, Freiburg 1997*

5 *Gerhard Regel/Axel Jan Wieland (Hrsg.): Offener Kindergarten konkret. Verlag Rissen, Hamburg 1993*

6 *Gabriele Berry: Die Tür zu öffnen reicht nicht aus. In: klein&groß, 11-12/1996, S. 18-21*

wendigkeit, sich stärker abzusprechen und einheitlichere Erziehungsvorstellungen zu entwickeln. Daraus folgt ein abgestimmtes Handeln der Erzieher/innen gegenüber den Kindern.

Ziel der offenen Arbeit ist eine kindzentrierte Pädagogik, die Orientierung an den entwicklungs- und altersspezifischen Bedürfnissen der Kinder und ihren individuellen Fähigkeiten. Bei Axel Wieland heißt es: Lasst uns das Kind zur Rose machen! Bevor wir Erwachsenen jedoch jedem einzelnen Kind zum Blühen verhelfen können, müssen wir unser Team zur Rose machen. Wir müssen uns unsere Stärken klarmachen, unsere Schwächen offen legen und uns gegenseitig erlauben, einander zu kritisieren. Die Offenheit der erwachsenen Mitglieder des Teams bildet die Grundlage der offenen Arbeit mit den Kindern. Sie können sich deshalb gefahrlos im ganzen Haus bewegen, weil sich jede Erzieherin zu jeder Zeit für jedes Kind zuständig fühlt. Wenn es nötig wird, kann deshalb mit Selbstverständlichkeit eingegriffen werden.

## Lernen ermöglichen

Damit es nicht durch Orientierungslosigkeit der Kinder zu gefährlichen Situationen kommt, ist es notwendig, dass mit der offenen Arbeit Bewährtes nicht über Bord geworfen wird. Schon bisher galt, dass bei der Aufnahme eines Kindes im Kindergarten eine falsche Weichenstellung verhindert werden kann, wenn diese sensible Phase als Übergang von der Familie in die Einrichtung bewusst gestaltet wird. Weil Kinder Bindung brauchen, muss eine Erzieherin sich ihnen als Bindungsperson anbieten. Um sich von der familiären Bezugsperson für die Dauer des Aufenthalts in der Kita ohne unnötige Belastungen lösen zu können, brauchen die Kinder die Gelegenheit, zu mindestens einer erwachsenen Person eine Vertrauensbeziehung aufbauen zu können. Insbesondere in der ersten Zeit dient die Bindungsperson in der Kita ebenso als sichere Basis wie Mutter und/oder Vater. Das Kind braucht sie zum Beispiel dann, wenn es orientierungslos ist oder sich wehgetan hat und getröstet werden will.

Mit Bindungsperson ist also nicht gemeint, dass Erzieher/innen Kinder an sich binden müssen. Die Bindungsbeziehung zwischen Erzieher/in und Kind ist zwar ebenso wie zwischen Mutter und/oder Vater und Kind eine Wechselbeziehung, aber als professionelle Beziehung unterliegt sie anderen Erwartungen als die familiäre Beziehung. In der professionellen Beziehung stellen sich die Erzieher/innen auf das Bin-

dungsbedürfnis der Kinder ein und geben ihnen den Schutz und die Anregung, die sie brauchen. Nicht die Befriedigung der emotionalen Bedürfnisse der Erwachsenen steht im Mittelpunkt des beruflichen Handelns, sondern die Orientierung an den Entwicklungsbedürfnissen der Kinder. Die Praxis zeigt, dass dies keineswegs leicht zu praktizieren ist. Man muss sich nur klarmachen, wie sehr wir alle in unserem erzieherischen Handeln durch unsere eigene Erziehung geprägt sind. Diese Erziehung bestand oft in der Unterordnung von kindlichen Bedürfnissen unter die Anforderungen der Erwachsenen. Diesen Anforderungen liegt ein Bild zugrunde, dass in Kindern unvollkommene, hilfsbedürftige Wesen sieht.

Diesem Blick auf die Kinder haben Reggio-Pädagogik, offene Arbeit und Situationsansatz das Bild vom kompetenten Kind entgegengestellt. Diese Konzepte gehen davon aus, dass sich das Kind von Anfang an aktiv mit den Personen seiner Umgebung und mit seiner Umwelt auseinander setzt. Praktisch bedeutet dies, dass es seine körperlichen und geistigen Fähigkeiten umso besser entwickelt, je anregungsreicher seine Umgebung ist und je anerkennender sich seine Bezugspersonen ihm gegenüber verhalten. Das Verhältnis der wechselseitigen Anerkennung von Kind und Bindungsperson bildet zusammen mit den Möglichkeiten zur Befriedigung des kindlichen Forschungsdrangs die Grundlage für die Entwicklung des Kindes zu einer selbstbewussten Persönlichkeit.

Für das tägliche pädagogische Handeln heißt das, dass die Erzieherin sich aus dem Mittelpunkt des Gruppengeschehens herauszieht und sich eher an den Rand begibt. Sie bereitet die Umgebung vor und beobachtet die Aktivitäten der Kinder. Unter Beobachtung verstehen wir nicht bloßes Hingucken, sondern den Versuch zu begreifen, was die Kinder tun. Beobachtung meint hier also Beachtung, eine Form der Anerkennung. Durch Beobachtungen stellt sie fest, ob die Kinder mit der vorbereiteten Umgebung etwas anfangen können oder nicht. In der Regel ist es ein langer Prozess bis die Räume so hergerichtet sind, dass sie den altersspezifischen Bedürfnissen der Kinder, die in der Einrichtung betreut werden, entsprechen. Der Raum als »dritter Erzieher«, wie es in der Reggio-Pädagogik heißt, soll die Kinder aber nicht nur dort abholen, wo sie stehen. Er soll ihnen darüber hinaus Anregungen für die Entwicklung ihrer individuellen Fähigkeiten bieten. Wenn die Erzieher/innen die Kinder nicht beim Spiel beobachten, werden die Räume und Materialien kaum in der Lage sein, die Aufgabe der Anregung zu erfüllen. Um bei den Beobachtungen zu praktischen Ergebnissen zu kommen, ist es notwendig, sie mit Fragen zu verbinden. Zum Beispiel: Welche Materialien lieben die Kinder? Welche lassen sie links liegen? Womit kommen sie gut alleine zurecht? Bei welcher Gelegenheit brauchen sie Hilfe von Erwachsenen? Wann gibt es regelmäßig Konflikte? Unter welchen Umständen spielen sie intensiv miteinander? Welches sind ihre Lieblingsorte? Wohin ziehen sie sich zurück?

## Die neue Rolle der Erzieher/innen: Abschied vom pädagogischen Zehnkampf

Beobachtungen sind vor allem dann aufschlussreich, wenn sie kontinuierlich gemacht werden können. Dies ist einer der Gründe dafür, dass über die Zuständigkeiten von Erzieher/innen für die Funktionsräume nachgedacht werden muss. In der Praxis erweist sich die Klärung der Zuständigkeiten allerdings als gar nicht so einfach. Zum Einen gibt es zwei verschiedene organisatorische Modelle: feste oder rotierende Zuständigkeiten, also täglich, wöchentlich, jährlich oder nach Bedarf wechselnd. Jede dieser Regelungen hat Vor- und Nachteile. Damit muss sich jedes Team auseinander setzen. Zum Anderen ist die Frage: Zuständig sein – wofür? Bedeutet das, die Aufsicht zu führen, Angebote zu unterbreiten oder Projekte zu machen? Umfasst die Zuständigkeit auch die Verantwortung für Materialbeschaffung, Reparaturen und das Aufräumen?

Unsere Erfahrungen in Hamburger Kindertagesstätten lassen darauf schließen, dass die feste Zuständigkeit, je nach Erzieher-Kind-Schlüssel, von einer oder zwei Erzieher/innen, für einen Funktionsraum die günstigste Regelung ist. Diese Regelung vermindert Konflikte, weil sie klare Verantwortungsbereiche schafft. Die Erzieherin, die für einen Funktionsraum zuständig ist, hat jedoch eine andere Rolle als eine Grup-

penerzieherin in ihrem Raum. Es ist nicht ausschließlich der Raum ihrer Gruppe, sondern ein Raum, den alle Kinder der Einrichtung – oder, bei großen Kitas, eines Bereichs – nutzen. Als Raum bietet er nicht von allem etwas. Er hat eine bestimmte Funktion, regt zum Beispiel entweder zur Bewegung oder zur Ruhe an. Wir erleben, dass sich Erzieher/innen durch die Zuständigkeit für einen Funktionsraum in einer vorher nicht gekannten Weise spezialisieren und sich intensiv mit einem Thema, beispielsweise Bewegung oder Ruhe, auseinander setzen. Während bei den Kindern die Übergänge fließend sind, nutzen die Erzieher/innen die Chance, die darin liegt, sich beschränken zu dürfen. Axel Wieland nennt das den Abschied vom pädagogischen Zehnkampf. Das klappt dann besonders gut, wenn der Spezialisierung eine Neigung zugrunde liegt. Diese Neigung kann in Kenntnissen, speziellen Fähigkeiten oder Vorlieben bestehen, die bis dahin nicht zum Tragen kamen. Meistens ist es, wenn Erzieher/innen sich zu mehreren Themen hingezogen fühlen, dann doch unproblematisch, sich für die Zuordnung zu einem Funktionsraum zu entscheiden. Problematisch kann es werden, wenn ein/e Erzieher/in meint, keine besonderen Vorlieben zu haben. In diesem Fall braucht das Team Offenheit, Geduld und Fantasie, um eine Lösung zu finden.

Nach der Klärung der Zuständigkeit sehen wir in der Auseinandersetzung der Erzieher/innen mit der Rolle, die sie in den Funktionsräumen spielen wollen, eine entscheidende Grundlage für die Raumgestaltung. Je weniger sie ausschließlich Angebote machen wollen, desto mehr müssen die Räume die Kinder zu selbständigem Handeln herausfordern. Gelegenheiten zum selbständigen Spielen werden in der Kindergartenpädagogik mit dem Begriff »Freispiel« bezeichnet, der eigentlich »doppelt gemoppelt« ist. Spiel ist frei von Zwängen, sonst wäre es kein Spiel. Offene Arbeit, Reggio-Pädagogik und Situationsansatz stimmen in der Bedeutung überein, die sie dem (Frei)Spiel beimessen. Gerhard Regel spricht von der (Frei)Spielzeit als »Königsweg des Lernens«, deren vier Freiheiten lauten: Freie Wahl des Spielortes, des Spielpartners, des Spielmaterials und -inhalts sowie der Dauer des Spiels, begrenzt durch die täglichen Notwendigkeiten[7]. Auch darüber, dass es wichtig ist, als Erzieher/in den Kindern Angebote zu

7 *Gerhard Regel: Strukturelemente offener Kindergartenarbeit. In: Klaus Klattenhoff/Reinhard Pirschel/Axel Jan Wieland (Hrsg.): Das Kind zur Rose machen. Kongressbericht zum 1. Oldenburger Kongress zum offenen Kindergarten, o.J.*

machen, um ihnen neue Lernmöglichkeiten zu erschließen, sind sich die drei Ansätze einig.

Unterschiede gibt es dagegen bei der Projektarbeit. Die Vertreter des Situationsansatzes wollten schon vor fast 30 Jahren statt eines isolierten Funktionstrainings, zum Beispiel der Sprache, oder einer ausschließlich an Jahreszeiten und Festen orientierten Kindergartenpädagogik, dass die Erzieher/innen in Projekten mit Kindern zusammenarbeiten, ohne genau zu bestimmen, wie die Bedingungen aussehen müssen, unter denen Projektarbeit praktiziert werden kann.

Demgegenüber haben die Theoretiker der offenen Arbeit einen so engen Kontakt zu den Praktikerinnen, dass sie die Möglichkeiten von Projektarbeit unter den gegenwärtigen bundesrepublikanischen Bedingungen realistisch einschätzen und ihr deswegen keine herausgehobene Bedeutung beimessen.

In der Reggio-Pädagogik ist dagegen von Anfang an der enge Zusammenhang zwischen der Bereitstellung förderlicher Rahmenbedingungen und der Verankerung von Projektarbeit im Kita-Alltag gesehen worden. Vom Situationsansatz und der offenen Arbeit unterscheidet sich die Reggio-Pädagogik dadurch, dass sie Bedingungen nicht nur theoretisch bestimmt, sondern praktisch realisiert hat, unter denen alltäglich in Projekten gearbeitet wird. Sie bietet den Erzieherinnen unter anderem sechs Wochenstunden Vorbereitungs- und Besprechungszeiten pro Erzieherin, eine Fachberatung für durchschnittlich fünf Einrichtungen und die Gelegenheit zur Zusammenarbeit mit Experten. Die hoch entwickelte Kultur der Projektarbeit in Reggio wird von vielen Praktikern angesichts der eigenen Rahmenbedingungen, die sich in der Regel von denen in Reggio stark unterscheiden, für ein wirklichkeitsfremdes Ziel gehalten. Mit unserem Raumgestaltungskonzept möchten wir jedoch dazu beitragen, dass es den Erzieherinnen erleichtert wird, nicht nur Angebote zu machen, sondern auch Projekte durchzuführen. Wir haben die Erfahrung gemacht, dass die kindgerechte Raumgestaltung eine so große Kraftquelle für die Erzieherinnen ist, dass sie täglich daraus schöpfen können, um zu utopisch erscheinenden Zielen zu gelangen.

Auf die Arbeit in Projekten können wir nicht weiter eingehen. Wir beschäftigen uns mit der wichtigsten materiellen Voraussetzung für das Freispiel, der vorbereiteten Umgebung.

## Entweder offene Arbeit in Funktionsräumen oder Gruppenarbeit in Gruppenräumen

Während sich der Situationsansatz immer mal wieder dem Verdacht ausgesetzt sieht, als Entschuldigung für eine konzeptionslose Praxis zu dienen, muss sich die offene Arbeit mit dem Vorwurf auseinander setzen, dass sie eine Pädagogik der Entgrenzung betreibt. Frei nach dem Motto »Wer für alles offen ist, kann nicht ganz dicht sein«, wenden auch wir uns gegen eine Definition von offener Arbeit, die unter diesem Begriff die »große Altersmischung« versteht[8]. Wir möchten unterscheiden zwischen großer Altersmischung und offener Arbeit. Wenn von großer Altersmischung die Rede ist, heißt das zunächst einmal, dass Kinder mit großen Altersunterschieden – und das ist wichtig – zusammen in einer Gruppe betreut werden. Dies ist ein organisatorisches Modell der Kinderbetreuung, durch das die Zahl der Kinder in der Gruppe gesenkt und die Anzahl der Erzieher/innen erhöht wird. Zum Beispiel werden 15 bis 17 Kinder – je nach Alterszusammensetzung (Säuglinge bis Sechsjährige, Dreijährige bis Vierzehnjährige oder Einjährige bis Zwölfjährige) – von zwei bis drei Erzieherinnen betreut.[9] Für die Raumgestaltung gilt: »Im Zentrum der Gruppe befindet sich der Gruppenraum.«[10]

Das Organisationsmodell, das hinter der offenen Arbeit steht, ist nicht das Gruppenmodell. Im Gegensatz zur großen Altersmischung in der Gruppe, die oftmals zur »Familiengruppe« hochstilisiert wird, verfolgt die offene Arbeit das Ziel, die Grenzen der Betreuung des Gruppenverbands im Gruppenraum zu überwinden. Unsere Bemühungen, Räume so zu gestalten und Materialien so auszuwählen, dass sie den entwicklungsspezifischen Bedürfnissen der Kinder entgegenkommen, so dass sie die Räume ohne die ständige Aufsicht von Erzieher/innen in Anspruch nehmen können, hat uns von der Gruppenarbeit, also auch von der großen Altersmischung, weggeführt, hin zur Organisation von Bereichen mit einer kleinen Altersmischung.

Wir haben festgestellt, dass man nicht allen Entwicklungsphasen in einem Raum gerecht werden kann. Bei genauerer Beobachtung der Spielaktivitäten der Kinder und ihrer Gesellungsformen stellt sich heraus, dass sich die Spiele von Zwei-, Fünf- und Achtjährigen so sehr voneinander unterscheiden, dass sie unter-

8 *Ingeborg Becker-Textor/Martin Textor: Der offene Kindergarten – eine Vielfalt von Formen. Verlag Herder, Freiburg 1997, S. 35-58*

9 *Hans-Joachim Laewen/Beate Andres: Was bei der Umstellung auf altersgemischte Gruppen zu bedenken ist: Anmerkungen zu Rahmenbedingungen und ausgewählte Forschungsergebnisse. In: Kita Debatte 3/1993, S. 19-29*

10 *Matthias Schäfer: Groß und Klein unter einem Dach. Altersgemischte Gruppen in Kindertagesstätten. Verlag Herder, Freiburg 1996, S. 106*

schiedliche Räume und Materialien brauchen.

Wir möchten das am Beispiel von Bewegungsräumen erläutern. Während Krippenkinder im engen Kontakt zu ihren vertrauten Bezugspersonen Bewegungsfreiheit und viele unterschiedliche alltägliche Bewegungsanlässe brauchen, um ihre motorischen Fähigkeiten durch häufige Wiederholungen zu entwickeln, erproben Drei- bis Sechsjährige ihre zunehmende körperliche Geschicklichkeit mit immer größerer Ausdauer in spezialisierten Räumen mit Spielpartnern, die allmählich ebenso wichtig wie die erwachsenen Bezugspersonen werden. Demgegenüber ist bei Hortkindern ein Interesse an sportlichen Aktivitäten und am Kräftemessen ebenso zu beobachten wie der zentrale Stellenwert der Gleichaltrigengruppe (peer group) und die nachlassende Bedeutung der Erwachsenen.

Nun hat aber die Multifunktionalität von Räumen und Materialien Grenzen. Sie sind uns umso stärker aufgefallen, je genauer wir darauf geachtet haben, welche Gruppenzusammensetzungen die Kinder selbst wählen und welche Aktivitäten sie auf welchem Entwicklungsniveau bevorzugen. Wir halten es deshalb nicht für sinnvoll, offene Arbeit und große Altersmischung miteinander zu kombinieren.

In der Praxis des Kita-Alltags muss man sich für oder gegen die Organisation von Gruppen in Gruppenräumen entscheiden. Unser Raumgestaltungskonzept sieht für Elementar- und für

Schulkinder keine herkömmlichen Gruppenräume mehr vor. Darunter verstehen wir Räume, die vor allem mit Tischen, Stühlen, Schränken oder Regalen ausgestattet sind und Ecken für die unterschiedlichsten Betätigungen bieten. Unser Konzept befreit die Räume von Tischen und Stühlen. Es zentralisiert die vielen Sitzgelegenheiten, die vor allem für die Mahlzeiten gebraucht werden, in einem eigens dazu ausgestatteten Raum, dem Kinderrestaurant. Die Befreiung der Räume von Esstischen und Stühlen bildet die Voraussetzung dafür, dass sie in Bewegungsraume oder Ateliers verwandelt werden können. Die Funktionsecken in Gruppenräumen werden aufgelöst zugunsten von Funktionsräumen. Das geht bei unveränderten äußeren räumlichen Bedingungen natürlich nur, wenn zwei oder mehr Gruppen zusammenarbeiten.

Nehmen wir das Beispiel von drei Gruppen, die offen arbeiten. Dann werden drei Malecken zu einem Atelier zusammengelegt. Statt jeweils einer Puppenecke in jedem Gruppenraum wird ein gemeinsamer Rollenspielraum geschaffen. Aus drei Bauecken wird ein Bauraum. Im Vergleich zu einer Puppenecke im Gruppenraum kann ein Raum zum Rollenspiel natürlich wesentlich differenzierter gestaltet werden. Die größere Anzahl von Kindern, die einen Funktionsraum nutzen, erfordert auf der einen Seite eine klare Gliederung des Raumes, so dass sich Untergruppen bilden können, auf der anderen Seite ermöglicht sie den Erzieherinnen die Abkehr von der Arbeit mit der Großgruppe, da die Kinder in einem klar gegliederten Funktionsraum in kleinen Gruppen spielen können, ohne sich gegenseitig zu stören.

Einen weiteren Vorteil der Funktionsräume sehen wir darin, dass die Kinder den unterschiedlichen, zum Teil schwer miteinander zu vereinbarenden Aktivitäten in verschiedenen Räumen nachgehen können. Räume für Bewegung unterscheiden sich deutlich von Ruheräumen, jedenfalls dann, wenn die Erzieher/innen nicht ständig umräumen, sondern die Kinder die Räume selbständig nutzen sollen. Dann hängt es nicht von der Erzieherin ab, wie der Raum genutzt wird, sondern die Raumgestaltung bietet den Kindern differenzierte Bewegungsmöglichkeiten im Bewegungsraum oder lädt sie zur Ruhe und Entspannung im Ruheraum ein.

## Der Sinn einer ästhetischen Gestaltung von Räumen

Schließlich kann man in einem Funktionsraum akustische Maßnahmen, Licht und Farben wesentlich gezielter einsetzen als in einem multifunktionalen Gruppenraum. Wir sehen in der intensiven Auseinandersetzung mit diesen Raumgestaltungsmitteln keinen Selbstzweck, sondern beziehen uns dabei auf das Kind als körperliches, sinnliches Wesen. Wenn wir der körperlichen Basis allen kindlichen Lernens Rechnung tragen wollen, müssen wir uns über eine Gestaltung der Umgebung Gedanken machen, die harmonisch in dem Sinne ist, dass sie kindliche Maßstäbe berücksichtigt und eine sinnlich-ästhetische Ordnung hat. Damit das Kind komplex handeln kann, sollten wir ihm eine komplexe Wirklichkeitserfahrung bieten. Das Kind kann dann seine Wirklichkeit als komplex, seine Umgebung als reich und vielfältig wahrnehmen, wenn es in ihr Maß, Ordnung und Harmonie gibt. Das bezieht sich ebenso auf die Maßstäblichkeit der Architektur und Innenraumgestaltung von Häusern für Kinder wie auf den gemäßigten Schall, auf die angemessene Beleuchtung und auf die harmonischen Farben. Ästhetik in der Kita sollte also nicht als bloße Dekoration missverstanden werden.

Ästhetik heißt übersetzt: Durch die Sinne wahrnehmen. Rudolf zur Lippe stellt deshalb fest: »Aus ihrer altgriechischen Bedeutungsgeschichte ist ästhetisch alles, was unsere Sinne beschäftigt, in uns Empfindungen und Gefühle entstehen lässt und auf solchen Wegen unser Bewusstsein prägt«[11]. Wenn man dieser Definition folgt, steht ästhetische Erfahrung im Zentrum kindlicher Bildungsprozesse. »Ästhetik kann man der Erfahrung nicht als Verschönerung oder Entspannung hinzufügen. Sie durchdringt den Erfahrungsprozess und kann nicht beliebig oder ohne Folgen für die Qualität von Erfahrung vermindert oder weggelassen werden.«[12]

In unserem Raumgestaltungskonzept spielen Einbauten aus Holz, die den Kindern zusätzliche Spielflächen bieten, eine wichtige Rolle. Wir bezeichnen sie als »Spielpodestlandschaften«, weil sie es den Kindern ermöglichen, wie in einer natürlichen Landschaft Standorte und Perspektiven zu wechseln, sich mit anderen zu treffen und sich zurückzuziehen, wie man das in der Natur kann.

Am Beispiel der Spielpodestlandschaften lässt sich zeigen, welche Gesichtspunkte berücksichtigt werden müssen, damit die Holzkonstruktionen von Kindern – und Erwachsenen – als ästhetische Einbauten erfahren werden können: Man muss auf das Wechselspiel der Massenverhältnisse im Raum wie auch auf die Größenver-

---

*11 Rudolf Lippe: Sinnenbewusstsein. Bd. 1, Schneider Verlag Hohengehren, 2000, S. 17*
*12 Gerd Schäfer: Bildungsprozesse im Kindesalter. Juventa Verlag, Weinheim und München, 1995, S. 237*

hältnisse achten. Der Charakter des Raumes, bestimmt durch die Lage im Gebäude, Größe, Höhe und Lichtverhältnisse, ist bei Einbauten ebenso zu berücksichtigen wie die Tatsache, dass man Raum auch dadurch gestaltet, dass man ihn freilässt. Es sind die bei der Konstruktion beachteten ästhetischen Merkmale, die dazu führen, dass die Spielpodestlandschaft als harmonisch im Raum erlebt wird. Wir verfolgen die Strategie der einladenden Form, denn mit Maria Montessori sind wir der Auffassung, dass Schönheit zur Tätigkeit ermuntert. John Dewey galt das ästhetische Erlebnis »als in seinem Wesenskern mit dem Erlebnis des Schaffens verbunden. (...) Sehen, Hören, Schmecken (nehmen) ästhetischen Charakter an, wenn das Wahrgenommene durch die Verbindung mit einer bestimmten Art von Tätigkeit charakterisiert wird«.[13]

Kindern soll es durch eine ästhetische Umgebung ermöglicht werden, sich sensibel mit sich, dem Anderen und den Dingen zu beschäftigen. »(S)o können sie für sich die Fähigkeit erhalten und weiterentwickeln, die Wirklichkeit der Dinge hinter der Oberfläche wahrzunehmen,

13 *John Dewey: Kunst als Erfahrung. Suhrkamp Verlag, Frankfurt a. M. 1988, S. 62f.*

also mit dem dritten Auge (Halbfas) zu sehen.«[14] Eine ästhetische Gestaltung der Räume hat also einen doppelten Sinn: Sie wird der Art und Weise gerecht, in der das Kind lernt, nämlich über seine Sinne, und sie fordert zu einer Entwicklung und Differenzierung der kindlichen Handlungsfähigkeit heraus. Zum Beispiel genießen Kinder es, ungestört, aber nicht isoliert zu sein. Deshalb schaffen wir innerhalb der Spielpodestlandschaften Rückzugsmöglichkeiten, deren Holzwände Löcher zum Durchschauen haben. Die Kinder können andere Kinder und Erwachsene sehen, ohne selbst gesehen zu werden. Die Gucklöcher werden außerdem so angebracht, dass sie von innen unterschiedliche Perspektiven eröffnen. Von außen betrachtet, dienen sie der Gestaltung der Wände. Gucklöcher sind, historisch gesehen, die Vorläufer des Fensters. So wie Fenster das Gesicht von Häusern prägen, bestimmen Gucklöcher das Aussehen von Trennwänden. Fenster hatten früher vielfach Augenform, als Öffnungen in einer aus Weidengeflecht bestehenden Wand. Daher stammt die germanische Bezeichnung des Fensters als Augentor. Unsere Gucklöcher sollen Augentore sein. Sie haben informelle Formen. Denn über den gestalterischen und den Zweck des Durchschauens hinaus, sollen sie die Betrachter zu Assoziationen und Interpretationen anregen. Eine andere

Möglichkeit, den Kindern Gelegenheit zum Rückzug zu geben, ist der Einbau von Höhlen unter Treppen von Spielpodestlandschaften. Diese stillen Ecken ergeben sich wie von selbst. Zur geheimnisvollen Höhle werden sie dadurch, dass sich vor dem Eingang ein Brett befindet, in das ein Loch hineingesägt wurde, in einer bewusst zufälligen, also weder kreisrunden noch ornamentalen, Form.

Entscheidend für die Differenzierung der Sinne der Kinder ist, dass sie verschiedene ästhetische Materialien und Texturen im alltäglichen Gebrauch erfahren können. Aus diesem Grund haben Treppenstufen, Absätze und Zwischen-

14 *Dietmar Böhm; Regine Böhm; Birgit Deiss-Niethammer: Handbuch Interkulturelles Lernen. Theorie und Praxis für die Arbeit in Kindertageseinrichtungen, Verlag Herder, Freiburg 1999, S. 220*

ebenen in unseren Spielpodesten unterschiedliche Beläge aus Kork, Sisal, Metall, Kokos, Kunstrasen, Holz und Teppich mit Rippen- oder Noppenstruktur. Die Kinder sehen sie, spüren sie unter ihren Händen und – wenn sie barfuß laufen dürfen – während jedes Auf- und Abstiegs unter ihren Füßen. Auch andere ungewöhnliche Materialien, wie raue Kokosfender oder Netze aus geschlagenen Hanfseilen, setzen wir deshalb in Bewegungsräumen ein, damit sie Bestandteil der Alltagserfahrung der Kinder werden. Wenn ein Decklicht aus dem Schiffsbau in den Boden einer Spielebene eingelassen wird, erfüllt es zum einen den Zweck, dass natürliches Licht in den dunklen Raum unter dem Podest gelangen kann. Zum anderen animiert das Glas mit dem Metallring, von oben betrachtet, die Kinder, das Rätsel seines Daseins zu entschlüsseln. Schmückende Details, wie gedrechselte Balkenabschlüsse, sollen zwar in erster Linie den freien Raum zwischen den Einbauten und dem Luftraum gestalten. Die kunstvolle handwerkliche Fertigung dieser Objekte schmeichelt jedoch nicht nur den Augen, sondern auch den Händen der Kinder. Auch bei der ästhetischen Gestaltung von großen, freien Wandflächen mit Hilfe von Mosaiken geht es uns um mehr als bloße Dekoration. Sie werden in einer Höhe angebracht, in der die Kinder sie sehen und befühlen können. Auf diese Weise erleben die Kinder, dass viele kleine Bruchstücke ein wohlgeformtes Ganzes ergeben.

Man kann in der Regel nicht über Ästhetik reden, ohne über Geschmack zu sprechen. Über Geschmack, so heißt es, lässt sich nicht streiten. Unsere intensive Auseinandersetzung mit vorhandener Raumgestaltung hat uns sensibilisiert für die Beliebigkeit oder auch Privatheit der Vorlieben – unserer eigenen und die der Erzieher/innen. Wir plädieren deshalb dafür, sehr wohl über guten Geschmack miteinander zu diskutieren, da es bei der Gestaltung von Räumen in öffentlichen Einrichtungen auch darum geht, von privaten Vorlieben Abstand zu nehmen und nicht jedem Wechsel von Moden zu folgen. Vielmehr wäre es wichtig, durch die Auseinandersetzung mit Argumenten das eigene Unterscheidungsvermögen zu schärfen und einen Sinn dafür zu entwickeln, ob das Einzelne mit dem Ganzen zusammenpasst.

# Raumgestaltung als interdisziplinärer Prozess

Das Hamburger Raumgestaltungskonzept ist das Ergebnis eines intensiven interdisziplinären Austausches. Wir, eine Fachberaterin für Kindertagesstätten, ein Tischler/Innenarchitekt und eine Hamburger Kita-Leiterin, haben unsere Ideen zur Raumgestaltung gleichermaßen in der Auseinandersetzung mit verschiedenen pädagogischen Ansätzen sowie durch die Beobachtung des Alltags in der Kita entwickelt. Die Ideen wurden und werden umgesetzt und kritisch begleitet. Unser Weg ist also durch Versuch und selbstverständlich auch Irrtum gekennzeichnet.

Die meisten unserer Vorschläge sind vielfach erprobt. Unser Raumgestaltungskonzept wäre keines, wenn es nur beliebige Elemente enthielte und kein in sich stimmiges – und deshalb auch festlegendes – Ganzes wäre. Trotzdem möchten wir die Leser/innen in erster Linie zur Entwicklung eigener Ideen anregen. Vor allem plädieren wir nachdrücklich für die Abkehr vom Kindergarteneinrichtungseinheitsbrei. Weder für die Grundausstattung noch für Extras braucht man Kataloge! Im Gegenteil. Einrichtungsgegenstände von der Stange fördern das Schablonendenken.

Man muss sich die vorhandenen oder geplanten Räume sehr genau anschauen und dann nicht gegen den Charakter des Raumes angehen, sondern die Gegebenheiten des Raumes sorgfältig

beachten. Bei der Einrichtung von neuen Kitas heißt das, die Kataloge beiseite zu legen und individuelle Lösungen in Zusammenarbeit mit einem Tischler zu suchen. Für die übliche, genormte Kindergarteneinrichtung wird viel Geld ausgegeben. Diese Summe kann in Zusammenarbeit mit kreativen Handwerkern, die etwas anfertigen, was pädagogisch und gestalterisch passt, sinnvoller angelegt werden. Der Rückgriff auf industriell Vorgefertigtes entsteht sowohl durch Handlungszwänge, die die Träger auf die Kita-Mitarbeiter/innen ausüben, als auch durch den Mangel an alternativen Ideen. Wir möchten durch diese Veröffentlichung Träger, Leiter/-innen, Erzieher/innen und Eltern dazu anregen, herkömmliche Vorstellungen über die Ausstattung von Kindertagesstätten – und ihre Finanzierung – zu überdenken.

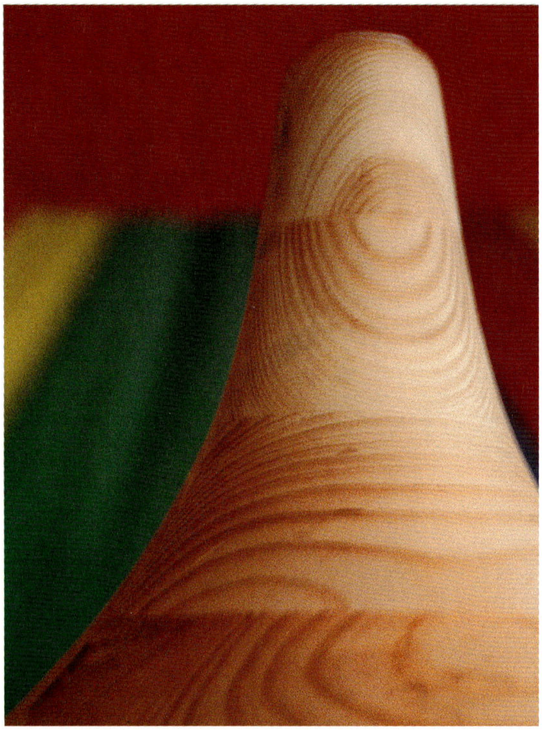

In Hamburg haben wir gute Erfahrungen mit Kitas gemacht, die über eigene Sachmittelbudgets verfügen, deren Konten sich gegenseitig decken und auf denen Geld über bestimmte Zeiträume angespart werden kann. Das führt dazu, dass größere Summen für individuelle Einbauten ausgegeben werden können.

Man kann versuchen, einen Tischler dafür zu gewinnen, Mitarbeiter/innen und Eltern beim Bau von zweiten Spielebenen und anderen Möbeln anzuleiten. Nicht allen Räumen gleichermaßen wenig zu geben, sondern in einen Raum nach dem anderen aufgrund sorgfältiger Überlegungen zu investieren, das führt zu einer nachhaltigen Veränderung der Raumgestaltung. Nicht nur aus finanziellen Gründen, sondern auch, um Erfahrungen zu sammeln und auszuwerten, sollten Räume schrittweise umgestaltet werden. Dabei kann in Räumen, für die kein Geld vorhanden ist, improvisiert werden. Nach unseren Erfahrungen sind Kita-Mitarbeiter/-innen wahre Improvisationskünstler/innen: Aus umgedrehten Babybetten werden Höhlen, aus Tischen, denen die Beine abgesägt wurden, werden Baupodeste oder Bühnen. Wir möchten dazu ermutigen, der Fantasie an die Macht zu verhelfen.

Angelika von der Beek
Matthias Buck
Annelie Rufenach

# Verbindung zwischen Drinnen und Draußen

## durch Eingänge als Visitenkarte der Kita

Kitas dürfen nicht wie unzugängliche Trutzburgen wirken. Sie brauchen einen weithin sichtbaren einladenden Eingangsbereich und sollten als Häuser für Kinder erkennbar sein. Oft sind sie aber gesichtslose Allerweltsbauten mit einem Eingang, der schwer zu finden ist.

Architektonisch lässt sich die Verbindung zwischen der Kita drinnen und der Nachbarschaft draußen herstellen durch eine erkennbare Kita-Architektur und eine niedrigschwellige Eingangszone. Diese beiden Merkmale haben die gewünschte doppelte Funktion: Sie ermöglichen Kindern (und Erwachsenen) die Identifikation mit ihrem begrenzten Aktionsradius und tragen dazu bei, dass die Grenzen so durchlässig wie möglich sind. Eltern, die ihre Kinder in die Kita

bringen, fühlen sich von Anfang an Willkommen geheißen. Neugierige Besucher werden animiert, hereinzuschauen. Stadtteilbewohner nehmen beiläufig die Existenz von Einrichtungen für Kinder zur Kenntnis. In baulich hochverdichteten Innenstadtbereichen sind die Außengelände von Kitas nicht selten die einzigen Grünflächen. Ihre Zugänglichkeit sollte selbstverständlich sein.

Innenarchitektonisch widmet das Hamburger Raumgestaltungskonzept seine besondere Aufmerksamkeit der Gestaltung des Eingangs als »Visitenkarte« der Kita, wie es in der Reggio-Pädagogik heißt. Besucher- und Nutzerfreundlichkeit wird durch Information hergestellt. Informiert werden sollte über die Kita insgesamt, die Mitarbeiter/innen, die Lage und Funktion der Räume, die Aktivitäten der Kinder und Erzieher/innen, die Angelegenheiten der Eltern und über das, was im Stadtteil passiert. Eine solche Gestaltung des Eingangsbereiches signalisiert, dass es sich bei der Kita um einen überschaubaren Ort in einer spezifischen Nachbarschaft handelt, an dem eine Gruppe von unter-

schiedlichen erwachsenen Persönlichkeiten mit Kindern zusammenarbeitet, die interessante Dinge tun.

Wechselnde Dokumentationen an den Wänden geben durch großformatige Fotos und erläuternde Texte Einblick in die aktuelle Arbeit der Kindertagesstätte. Sie sollen es insbesondere Eltern ermöglichen, an Prozessen Anteil zu nehmen, die sich entwickeln, während sie ihren beruflichen oder anderen Aktivitäten nachgehen. Beim Neubau von Kitas sollte deshalb darauf geachtet werden, dass es genügend Wandflächen im Eingangsbereich gibt, an denen Fotos, Pläne und schriftliche Informationen dargeboten werden können. Wenn in bestehenden Kitas nicht genügend Platz vorhanden ist, kann man die Fläche für Informationen durch harmonikaartig angeordnete Tafeln erweitern. Das Problem des fehlenden Platzes für Informationen kann auch mit Hilfe einer Litfaßsäule gelöst werden.

In den Kitas in Reggio Emilia wird die Politik der Information seit Jahrzehnten kultiviert. Viele Kitas in Hamburg haben sich dies zum Vorbild genommen.

# Räumliche Beziehungen
## durch Übergänge, kurze Wege, Transparenz und Begrenzungen

Ein Hauptaugenmerk des Hamburger Raumgestaltungskonzepts gilt der Herstellung von räumlichen Beziehungen. Räume für Kinder sollten nicht unverbunden nebeneinander stehen. Räume zu gestalten bedeutet, Übergänge zu schaffen. Übergänge unterstützen die kindliche Neugier, vermitteln aber auch Sicherheit, indem sie allmählich vom Vertrauten zum Fremden hinübergeleiten. Übergänge stiften Beziehungen, indem sie vorher Getrenntes miteinander verbinden. Wenn zwischen Räumen, vor allem aber den Räumen im Raum, Übergänge vorhanden sind, können die Kinder komplexere Aktivitäten entfalten als bei unverbunden nebeneinander liegenden Räumen. Dabei können Übergänge sowohl durch »Brücken« als auch durch Durchbrüche zwischen zwei Räumen geschaffen werden. In einer Hamburger Kita wurden diesseits und jenseits derselben Mauer Spielebenen errichtet, die dann auf der zweiten Ebene durch einen Mauerdurchbruch, gerade groß genug für das größte Kind, miteinander verbunden wurden.

Die Herstellung von räumlichen Beziehungen dient der Kommunikation und Kooperation. Alle, die eine Kita planen, müssen sich klarmachen, wie stark die Anordnung der Räume die Kooperation der Erwachsenen und die Kommunikation der Kinder untereinander fördert oder behindert. Statt langer Flure sollte es kurze Wege geben, die sich aus der Zentrierung der Räume um einen Mittelpunkt ergeben. Türverglasungen und Innenfenster, die man auch nachträglich einbauen kann, stellen – ebenso wie Gucklöcher in zweiten Spielebenen – räumliche Transparenz und damit Verbindungen her.

Innenarchitektur, die das Kommunizieren unterstützt, muss allerdings ebenso dem Bedürfnis nach Rückzug Rechnung tragen, sowohl bei den Kindern als auch bei Erwachsenen. Räume, die es ermöglichen, sich zu treffen und sich aus dem Wege zu gehen, fördern die Toleranz untereinander und den gegenseitigen Respekt. Sie vermeiden Isolation ebenso wie unfreiwilliges Beisammensein, das nicht die gegenseitige Anerkennung, sondern Aggressionen fordert. Deshalb ist die funktionale und ästhetische Konstruktion von Begrenzungen ein wichtiges Mittel, um dieser nur scheinbar paradoxen Anforderung gerecht zu werden.

Durch die Wahl bestimmter Materialien lassen sich gedankliche Verknüpfungen herstellen.

Das können regionale Bezüge sein: Als Hamburger verwenden wir in den norddeutschen Kitas besonders gerne Segeltuch und Tauwerk. Es lassen sich aber auch interkulturelle Akzente setzen, zum Beispiel durch einen goldfarbenen, zwiebelturmförmigen Abschluss von Stützbalken. Ein Raumteiler, der aus armdicken Birkenholzstämmen besteht, stellt eine direktere Beziehung zur Natur her als eine Brüstung, deren gedrechselte Holzstäbe eher an die Treppenaufgänge alter Häuser erinnern. Wir möchten dazu anregen, Räume so zu gestalten, dass sie ein Feuerwerk an Assoziationen entfesseln. Wenn Räume und Materialien in der Kita die Sinne von Kindern und Erwachsenen anregen, Verbindungen zwischen bisher Unverbundenem herstellen, Beziehungen stiften und Kooperation befordern, dann sind sie der »3. Erzieher«.

# Orte für Begegnungen

## ... in Hallen

Architektur und Innenarchitektur können durch kurze Wege und Durchblicke Kontakte fördern sowie Kommunikation und Kooperation durch intelligente räumliche Beziehungen unterstützen. Unerlässlich ist die Schaffung von Orten für Begegnungen. Ideal ist eine Halle, die als »Marktplatz« dient, als »Piazza«, der die Reggianer zuschreiben, für die Kita dieselben Funktionen zu erfüllen wie die (Markt-) Plätze in ihren Städten. Dort werden nicht nur Waren verkauft, sondern auch Informationen ausgetauscht. Sehen und Gesehenwerden heißt die Devise. Es gibt Gelegenheit zur Plauderei, zu Verabredungen usw. Die »Piazza« stiftet Gemeinsamkeit und wirkt der Anonymität entgegen. Ein »Marktplatz« in der Kita erleichtert die Anbahnung von Kontakten zwischen allen Kindern und Erwachsenen – täglich und zwanglos.

Wenn keine Halle vorhanden ist, kann auch ein kleiner Eingangsbereich diese Funktion übernehmen. Wichtig ist, sich klarzumachen, dass Kommunikation und Kooperation auch räumlich, eben durch Orte für Begegnungen, gefördert werden müssen. Je weniger Platz, desto mehr muss man sich auf das Wesentliche konzentrieren: Eine Sitzgelegenheit für Kinder und Erwachsene, angenehmes Licht, harmonische Farben, ein ästhetischer Akzent und vor allem übersichtlich präsentierte Informationen.

Die Halle als Ort für Begegnungen lässt sich selbstverständlich ganz unterschiedlich gestalten. Und manchmal muss man auch erst eine Halle schaffen. Das geschah in einer Kita in Buchholz. Dort treffen sich zwei breite Flure, deren Wände aus Klinkersteinen bestehen. Am Kreuzungspunkt dieser beiden Flure entstand eine kreisförmige Halle, indem der Boden kreisrund mit Kork belegt wurde. Ein Baldachin aus Nessel nimmt die Kreisform auf. Die offene Kreuzung wurde durch halbkreisförmige Trennwände so weit geschlossen, dass noch genügend Platz zum Durchgehen bleibt. Um den Treffpunkt einladend zu gestalten, wurden Sitzbänke an den Wänden angebracht, die durch ihre Wellenform interes-

sant sind. Sie animieren Kinder und Erwachsene gleichermaßen, sich dort niederzulassen.

In Hamburger Kitas wurden kahle, trostlos wirkende Hallen durch fantasievolle Veränderungen zu Spielplätzen umgestaltet[1]. Als Ort für die Begegnung aller Kinder muss die Halle als Spielplatz für Mädchen und Jungen ganz verschiedener Altersstufen attraktiv sein, da die Hamburger Kitas in der Regel Kinder von der Krippe bis zum Hort betreuen.

Dass diese anspruchsvolle Vorstellung umso eher umgesetzt werden kann, je mehr Platz vorhanden ist, also in einer Halle eher als in einem Gruppenraum, versteht sich von selbst. Aber noch aus einem anderen Grund kann ein Gruppenraum mit offener Tür nicht anziehend auf alle Altersstufen wirken – es ist der transitorische Charakter, das heißt das Spezifische der Halle, ein Verkehrsweg zu sein, der die zwanglose Begegnung von Kindern in ganz unter

1 *Siehe dazu: Angelika von der Beek: Bedeutung und Funktion von Eingängen, Hallen und Fluren und ihre Gestaltung. In: Elisabeth Hollmann, Jörg Reiner Hoppe: Kindergärten bauen. Eigenverlag des Deutschen Vereins für öffentliche und private Fürsorge, Frankfurt a. M. 1994*

schiedlichen Entwicklungsphasen ermöglicht.

Begegnungen zwischen kleinen und großen Kindern können stattfinden, wenn die Spielangebote sowohl zur Aktivität anregen als auch Passivität in einer Zuschauerrolle ermöglichen. Ein Kaspertheater mit gegenüberliegendem mehrstufigem Podest zum Beispiel erfüllt diese Forderung. Das Spiel mit Handpuppen oder Ähnlichem wird in der Regel nur von älteren Kindern aufgegriffen, jüngere Kinder sind meist begeisterte Zuschauer.

In einer Halle müssen Einbauten multifunktional sein. Ein mehrstufiges Podest dient nicht nur als Zuschauertribüne, sondern auch als Versammlungsort, Bühne und Podest zum Bauen. Dabei hat es sich besonders bewährt, in die oberste Ebene eine Vertiefung einzulassen, in der die Bausteine aufbewahrt werden können. Um auf der gesamten Fläche Platz zu haben, wird die Vertiefung mit einer Platte abgedeckt. Auch ein Kaufmannsladen ist ein Angebot an Kinder verschiedener Altersstufen. In einer Hamburger Kita haben Hortkinder einmal in der Woche in einem Kaufmannsladen in der Halle einen Stand mit selbst gekauften oder aus der Küche zur Verfügung gestellten Süßigkeiten eingerichtet, die zum Selbstkostenpreis verkauft werden.

## ... in Garderoben

Garderoben sind Orte für Begegnungen zwischen Kindern und zwischen Eltern und Kindern. Bei ihrer Gestaltung sollte berücksichtigt werden, dass Verabschiedung und Begrüßung eines Kindes intime Situationen sind, die zumindest einen halböffentlichen Raum benötigen. Wir schlagen daher vor, dass die in den Raumprogrammen vorgesehene Größe, in Hamburg sind es 15 Quadratmeter, zwar der Halle oder platzähnlich erweiterten Fluren zugeschlagen werden, dem halböffentlichen Charakter jedoch durch eine besondere, abschirmende Gestaltung der Garderobe Rechnung getragen wird. Das kann in Form eines Halbkreises oder einer »Gondel« geschehen.

In bestehenden Kitas könnten vorhandene Garderobenräume – wenn sie ein Fenster haben – ähnlich wie in einer Hamburger Kita umgestaltet werden: Indem man die Garderoben so in den Raum baut, dass ein Teil anders, zum Beispiel als Bistro für Hortkinder, genutzt werden kann. Das heißt: Die Garderoben werden nicht an den Wänden angebracht. Sie befinden sich in offenen Schränken, die gleichzeitig als Raumteiler dienen. Zur Aufwertung des dadurch entstehenden Raumes hinter den Garde-

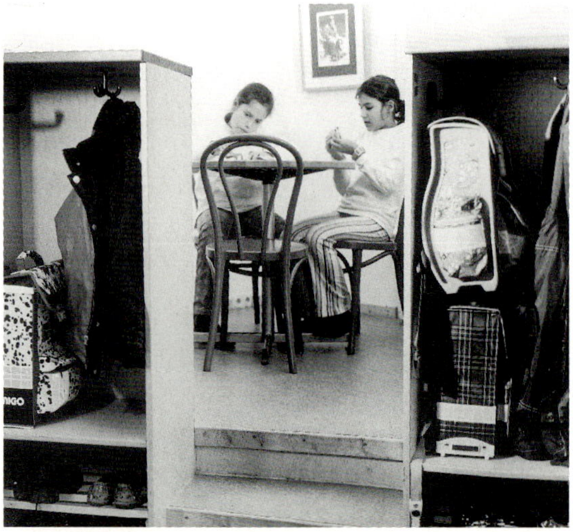

robenschränken wird ein Podest eingebaut. Damit die Hortkinder sich in diesem »Raum im Raum« wohlfühlen, ist er nicht mit den üblichen Kindergarten- oder Schulklassenmöbeln, sondern mit Bistrostühlen und -tischen ausgestattet.

## ... in Treffpunkten für Eltern

Der fantasievolle Umgang mit Raumprogrammen und die Umgestaltung vorhandener Flächen können dazu genutzt werden, einem in der Kita-Architektur und Raumgestaltung weitgehend vernachlässigten Thema im wörtlichen Sinne Raum zu verschaffen: nämlich der Einrichtung von Plätzen für Eltern.

Kitas sind Orte, an denen sich eine Gruppe von Erwachsenen, die durch ihre Elternschaft ein bedeutsames gemeinsames Thema haben, in der Regel zweimal täglich einfindet. Selbstverständlich nutzen viele Eltern diese Tatsache auch, ohne dass ihnen Treffpunkte zur Verfügung gestellt werden. Wir sehen es als ein Qualitätsmerkmal der Kita-Arbeit[1] an, dass zumindest nachträglich in der Innenraumgestaltung Plätze für Begegnungen von Eltern geschaffen werden. Die Isolierung der Kleinfamilien und der immer größer werdende Anteil von allein Erziehenden bilden zwar die Basis für das Bedürfnis nach Kontakt und Austausch, führen aber nicht zwangsläufig zu Kontaktaufnahme und Gesprächen. Begegnungen müssen daher durch räumliche Angebote gefördert werden.

Unsere Erfahrungen in Hamburger Kitas zeigen, dass dies nur durch genaue Beobachtung gelingt, und am Besten unter Einbeziehung der Eltern, die vielleicht zur Artikulation von Wünschen ermuntert werden müssen.

Es gibt kein Patentrezept für die Einrichtung von »Elternecken«. Manchmal mögen eine Bank oder zwei Korbsessel und angenehme Beleuchtung genügen. Eine Ecke mit Stehtischen oder mit Bistrotischen und -stühlen sowie mit einer Kaffeemaschine kann – aber muss nicht – genau das Richtige sein.

Aus einem weiteren Grund halten wir Plätze für Eltern in der Kita für unbedingt notwendig.

1 *Siehe dazu: Kronberger Kreis für Qualitätsentwicklung in Kindertageseinrichtungen: Qualität im Dialog entwickeln. Kallmeyer'sche Verlagsbuchhandlung, Seelze 1998*

Holen Eltern ihre Kinder ab und die sind gerade in ein Spiel vertieft, wird es den Erwachsenen erleichtert, sich einen Augenblick zu gedulden, wenn sie einen für sie vorgesehenen Platz vorfinden. Dort können sie auf andere Väter oder Mütter treffen, die kurz Luft holen wollen, bevor sie sich ihren Kindern zuwenden.

Am Wichtigsten aber ist ein solcher Ort für Eltern, die ihre Kinder in der Tagesstätte eingewöhnen. In immer mehr Kitas findet die Eingewöhnung nach dem Berliner Modell[2] statt. Das sieht vor, dass der Übergang von der Familie in die Kindereinrichtung schrittweise geschieht und Rücksicht auf die Ablösebereitschaft des Kindes von den Eltern genommen wird. Wenn sich ein Kind noch nicht von der Erzieherin trösten lässt, muss die Möglichkeit bestehen, die Mutter oder den Vater zu rufen, damit sie das Kind trösten und mit ihm nach Hause gehen können.

Wenn in der Kita offen gearbeitetwird, sollte es einen Bereich vor den Funktionsräumen geben, in dem eine Erzieherin Kinder und Eltern empfängt, und zwar aus zwei Gründen. Zum einen können sich die Kinder ungestörter in den Räumen betätigen, zum anderen dient der »Empfangsraum« der Orientierung – sowohl Eltern als auch Kinder haben eine »Anlaufstelle«.

---

2 *Hans-Joachim Laewen, Beate Andres, Éva Hédervári: Die ersten Schritte ... Ein Modell für die Gestaltung der Eingewöhnungssituation von Kindern in Krippen. Luchterhand, Berlin 2000*

## ... in Mitarbeiterräumen

Räume für Mitarbeiter/innen sind in der Regel Rückzugs- bzw. Pausenräume und Besprechungsräume zugleich. Da die Räume oft viel zu klein sind, ist es nicht einfach, ihnen sowohl den Charakter von Entspannungs- als auch von Arbeitsräumen zu geben. Häufig sind sie nur mit Tischen und Stühlen möbliert, manchmal liebevoll mit einer bequemen Couch oder Sesseln und einer passenden Beleuchtung ausgestattet.

In Hamburg haben wir die Beobachtung gemacht, dass Mitarbeiterräume aufgelöst, das heißt, in Räume für Kinder umgestaltet werden. Das mag kurzfristig die Raumnot beheben. Kinder brauchen jedoch nicht nur Platz, sondern auch Erzieher/innen, die wenigstens einen Raum in der Kita haben, der ihnen als Erwachsenen gerecht wird. Das gilt umso mehr, je kindgerechter die anderen Räume gestaltet sind.

In Räumen ohne Tische und Stühle scheint für Erwachsene auf den ersten Blick kein Platz mehr zu sein. Das muss aber nicht so sein. Wir überlegen mit den Erzieherinnen gemeinsam, was sie für ihre Arbeit brauchen. Das kann ein Stehpult sein, eine bequeme Sitzgelegenheit oder auch ein Tisch und ein Stuhl in Erwachsenenhöhe. Dennoch halten wir es für notwendig, dass die Erwachsenen in der Kita einen eigenen Raum haben, dessen Einrichtung auf ihre Bedürfnisse zugeschnitten ist.

Angesicht der enormen Vielfalt der räumlichen Bedingungen wollen wir hier nur einige generelle Gesichtspunkte für die Gestaltung von Mitarbeiterräumen nennen. Zunächst einmal sollten die Mitarbeiter/innen in die Planung einbezogen werden. In der Regel steht der Wunsch nach Entspannung bei ihnen im Vordergrund. Dazu tragen neben einer bequemen Couch oder gemütlichen Sesseln eine angenehme Beleuchtung und die Wahl harmonischer Farben bei. Bei der Planung von Räumen für Besprechungen sollte vor allem auf Stühle geachtet werden, auf denen man längere Zeit gut sitzen kann, sowie auf die Möglichkeit, Medien aller Art einzusetzen, beispielsweise Wandzeitungen, Flipcharts, Overhead- und Diaprojektoren.

## ... in Büros

Neben ihrer Funktion als Arbeitsraum für die Leitung lassen sich Büros in Kindertagesstätten auch als »Visitenkarte« der Einrichtung und als Orte für Begegnungen auffassen. Deshalb sollte auf ihre funktionale und ästhetische Gestaltung Wert gelegt werden. Es gibt eine Vielzahl von Büro Ordnungs-Systemen, die sowohl das Arbeiten erleichtern als auch bei Besuch den Eindruck von Unordnung vermeiden.

Manche Kita-Büros sind groß genug für eine Besucherecke. In vielen kleinen Büros bleibt der Leiterin aber nichts anderes übrig, als Eltern zu bitten, vor ihrem Schreibtisch Platz zu nehmen. Das erleichtert die Kontaktaufnahme nicht unbedingt. Kommunikativer ist es, sich an einem runden Tisch oder ohne ein Möbelstück in der Mitte gegenüberzusitzen.

Da viele Kita-Büros klein sind, schlagen wir vor, die Schreibtische durch Arbeitsplatten zu ersetzen, die auf die Bedürfnisse der Nutzer/-innen und die räumlichen Gegebenheiten zugeschnitten sind. Um den Platz optimal zu nutzen, kann an der Arbeitsfläche eine schwenkbare Platte angebracht werden, die herausgezogen wird, wenn die Leiterin ein kurzes Gespräch mit Besuchern führen will.

## ... in Kinderrestaurants

Die Idee, einen zentralen Speiseraum mit Restaurant-Charakter für alle Kinder in der Kita einzurichten, entstammt der Reggio-Pädagogik. Das Kinderrestaurant macht Tische und Stühle für die Einnahme von Mahlzeiten in den Gruppenräumen überflüssig. Sie weichen einer kindgerechten Raumgestaltung, die kindlichen Bedürfnissen nach Bewegung, Rückzug, Rollenspiel und kreativer Gestaltung Rechnung trägt. In Einrichtungen, in denen Kinder den ganzen Tag betreut werden, spielen die Mahlzeiten eine bedeutsame Rolle. Im Gegensatz zu multifunktionalen Gruppenräumen sind Kinderrestaurants eigens für die Einnahme von Mahlzeiten hergerichtete Räume. Im Kinderrestaurant soll das Essen in Gemeinschaft ein sinnliches Vergnügen sein. Außer einem schmackhaften Essen und der aufmerksamen Begleitung durch die Erzieher/innen ermöglichen eine ästhetische Raumgestaltung (gute Akustik, angenehme Beleuchtung und harmonische Farbgebung) sowie ein liebevoll gedeckter Tisch es den Kindern,

lustvoll zu speisen und – ohne Zwang – eine Tischkultur zu entwickeln, die ihnen gemäß ist. Dafür brauchen sie Erzieher/innen, die einige kindgerechte Regeln, am besten mit den Kindern zusammen, aufstellen und für deren Einhaltung sorgen. Formschönes Geschirr, passendes Besteck und nicht zuletzt Tischdecken oder Sets vermitteln den Kindern eine Atmosphäre, in der Tischkultur nicht gepredigt, sondern erlebt wird. Weitere ästhetische Akzente kann man durch die Präsentation von Kunstwerken im Kinderrestaurant setzen, die ein Gegengewicht zu den aufdringlichen, grellbunten Darstellungen bilden, mit denen Kinder in ihrem Alltag häufig konfrontiert werden.

Wenn das Kinderrestaurant als zentraler Speiseraum für alle Kinder in der Kita eingerichtet wird, muss es in der Regel mehr als 15 bis 25 Kinder, die übliche Gruppenstärke, aufnehmen. Wir empfehlen, nicht mehr als 45 Plätze bereit-

zustellen. Wenn mehr Kinder zum selben Zeitpunkt essen müssen, sollte ein weiteres Kinderrestaurant eingerichtet werden. Die Nutzung nur eines Raumes, der mit Tischen und Stühlen belegt ist, zur Einnahme von Mahlzeiten, lohnt sich aber auch schon bei zwei Gruppen. Das befreit zumindest einen Raum von Tischen und Stühlen.

In der Regel werden alle Mahlzeiten – das Frühstück, das Mittagessen und die Zwischenmahlzeiten – im Kinderrestaurant angeboten. Es gibt mehrere Essenszeiten. Im Gegen-

satz zu den herkömmlichen festen Essenszeiten in den Gruppen können die Kinder wählen. Sie lernen, auf ihre Körpersignale zu hören, indem sie selbst bestimmen, wann sie essen gehen. Sie können aber auch wählen, mit welchem Erzieher und mit welchen Kindern sie gemeinsam essen möchten.

Die Möblierung eines Kinderrestaurants ist in der Regel unkompliziert. Man nutzt einen Teil der vorhandenen Tische und Stühle, stellt sie in den Raum, der am nächsten zur Küche liegt und führt, wenn nicht schon üblich, mehrere Tischzeiten ein. Wenn kleine Räume umfunktioniert werden oder mehr als die übliche Zahl von Kindern untergebracht werden soll, sind die herkömmlichen Möbel jedoch unpraktisch. Freistehende Tische und Stühle nehmen sehr viel Raum ein. Platzsparend sind Bänke, deren Rückenlehnen hoch genug sind, um als Trennwände zu fungieren. Dadurch bilden sich Nischen, die die Kommunikation in kleinen Gruppen erleichtern. Außerdem lassen sich auf der verfügbaren Fläche mehr Kinder unterbringen.

Je nach Größe des Raumes und der Anzahl der Kinder, die gemeinsam essen, sollten Tischgruppen für vier, fünf oder sechs Personen vorgesehen werden. Wenn in der Kita Kinder aller Altersstufen betreut werden, muss es niedrigere und höhere Sitzgelegenheiten und Tische geben. Für die älteren Kinder empfehlen wir höhenverstellbare Tische und Hocker in verschiedenen Höhen, die je nach Bedarf herangezogen werden können. Außer einem Schrank für Geschirr, Besteck, Sets bzw. Tischdecken sollte es im Kinderrestaurant eine Anrichte oder einen Tresen geben. Sie sind wichtig als Abstellfläche und erleichtern es, zum Beispiel bei Festen, ein Buffet herzurichten.

Wenn Sie eine Kita neu einrichten, bietet es sich an, die in manchem »Raumprogramm für Kindertagesstätten« vorgesehene »Kinderküche« im Kinderrestaurant einzubauen. Wir raten allerdings von der Miniaturausgabe ab und

empfehlen eine Küchenzeile in Erwachsenenhöhe, da die Erzieher/innen erfahrungsgemäß die Küchenzeile ebenso oft nutzen wie die Kinder. Verrichtungen in der »Kinderküche« belasten den Rücken der Erzieher/innen so stark, dass wir es angebracht finden, den Kindern mit Hilfe eines Tritts oder eines herausziehbaren Podests das Arbeiten an der Küchenzeile zu ermöglichen. Eine optimale Lösung ist es, die Küchenzeile quer in den Raum zu bauen, so dass an der einen Seite ein Podest für die Kinder fest eingebaut werden kann und auf der anderen Seite die Erwachsenen freien Zugang haben.

Im Kinderrestaurant ist der Schallpegel in der Regel hoch. Deshalb muss der Raum mit einer Schallschutzdecke ausgestattet sein. Auf keinen Fall, auch nicht aus hygienischen Gründen, sollte auf Vorhänge verzichtet werden. Je schwerer der Stoff und je mehr Stofffülle, umso besser für das akustische Klima. Wenn der Raum sehr stark hallt, empfehlen wir, die Wände mit Sajade[1] zu

1 *Erläuterung und Bezugsquellen, siehe S. 171*

beschichten. Trennwände oder Raumteiler tragen ebenfalls zu einer angenehmen Akustik bei. Sie können zum Teil mit Stoff bespannt oder ebenfalls mit Sajade beschichtet werden. Sets oder Tischdecken sind nicht nur ein Beitrag zur Tischkultur, sondern auch zur Geräuschdämpfung.

Im Restaurant erhält in der Regel jeder einzelne Tisch eine Beleuchtung. Das ist auch für Kinderrestaurants eine gute Faustregel. Wir empfehlen eine Kombination von Hängelampen und Wandleuchten. Bei den Hängelampen sollte darauf geachtet werden, dass sie die Kinder nicht blenden. Optimal wären in der Höhe verstellbare Lampen. Sie reizen die Kinder allerdings, mit ihnen zu spielen. Da das Kinderrestaurant sehr reinigungsintensiv ist, empfiehlt es sich, die Beleuchtung mit einem Dimmer zu versehen, um den Raum zum Putzen hell ausleuchten zu können. Auch Dimmer fordern die Kinder heraus, ihren Effekt ausgiebig zu testen, während Erzieher/innen nach unserer Erfahrung häufig vergessen, dass es die Möglichkeit gibt, das Licht zu regulieren. Erzieher/innen und Kinder können sich hier also gegenseitig ergänzen.

Orange gilt als den Appetit anregende Farbe. Warum also nicht das Kinderrestaurant in einem zarten Gelborange streichen? Von diesem warmen Ton bis hin zu kühlem Blau sind im Kinderrestaurant die meisten Farben denkbar, je nach dem Charakter des Raumes, den schon vorhandenen Farben und dem Geschmack derjenigen, die ihn einrichten.

Als Ort für Begegnungen ist das Kinderrestaurant besonders geeignet. Es ist aber nicht nur Treffpunkt für Kinder, sondern auch für Mitarbeiter/innen und Eltern.

Wenn die Mahlzeiten im Gruppenraum eingenommen werden, ziehen sich die Erzieher/-innen mit ihrer Gruppe in ihren Raum zurück. Das Kinderrestaurant dagegen ist ein offener Raum, der auf der einen Seite zwar mehr Absprachen unter den Erzieherinnen erfordert, auf der anderen Seite aber auch mehr Zusammenarbeit ermöglicht. In der Regel bemerken die Erzieher/innen durch die Einrichtung eines Kinderrestaurants, dass sie die Situation des Essens unterschiedlich handhaben. Gemeinsames Nachdenken darüber, welche Regeln notwendig und welche überflüssig sind, führt zu einer einheitlichen Linie, von der die Kinder profitieren.

Auch für die Eltern kann das Kinderrestaurant als öffentlicher Raum ein Ort für Begegnungen sein. Im Gegensatz zur Halle ist es jedoch eine Kommunikationsdrehscheibe mit intimerem Charakter. In einer Hamburger Kita wird nachmittags ein offenes Kaffeetrinken angeboten. Hier können Mütter und Väter Kinder, Erzieher/innen und andere Eltern treffen.

Es liegt auf der Hand, dass sich Kinderrestaurants auch besser als Gruppenräume oder Hallen zum Feiern von Festen eignen – jedenfalls müssen sie erheblich weniger umgeräumt werden, wenn gegessen und getrunken werden soll.

## Kinderrestaurants fördern Kommunikation und Kooperation

Sowohl den Erzieherinnen als auch dem hauswirtschaftlichen Personal bringt die Einrichtung eines Kinderrestaurants in unmittelbarer Nähe der Küche Arbeitserleichterung. Die Transportwege für das Essen sind kurz. Die Reinigung konzentriert sich auf einen Raum.

In den Kitas in Reggio werden die Küchen als Bauch der Einrichtung angesehen. Sie haben einen zentralen Platz im Gebäude. Die Köchin spielt eine ebenso wichtige Rolle wie die pädagogischen Mitarbeiter/innen. Sie muss ihre Arbeit nicht isoliert in einem abgelegenen Teil des Gebäudes verrichten, wie dies in den Hamburger kommunalen Kitas häufig der Fall ist. Ein großes Innenfenster verbindet Küche und Kinderrestaurant. Die Architektur fördert Kommunikation und Kooperation. Die Kinder haben einen viel direkteren Kontakt zur Küche. In den Hamburger Kitas, in denen Kinderrestaurants neben der Küche mit einem Innenfenster eingerichtet wurden, berichten sowohl pädagogische als auch hauswirtschaftliche Mitarbeiter/innen von einer verbesserten Kooperation durch die unkomplizierten Kontaktmöglichkeiten.

Gute Erfahrung machte eine Kita mit der Aufhebung der räumlichen Trennung zwischen Kinderrestaurant und Küche. Die Wand zwischen den beiden Räumen wurde entfernt. Sie sind jetzt durch einen Tresen miteinander verbunden. Bei Bedarf kann eine Jalousie heruntergelassen werden. Diese räumliche Nähe führt zu täglichen intensiven Kontakten zwischen allen Beteiligten. Es wird deshalb auch kein Zufall sein, dass es sich bei dieser Kita um die einzige uns bekannte handelt, in der eine Gruppe von Kindern an einem Tag in der Woche mit der Hauswirtschaftsleiterin zusammen das Mittagessen für alle zubereitet.

Bevor ein Kinderrestaurant eingerichtet wird, sollte geklärt werden, wie die Erzieher/innen ihre Rolle definieren. Der Idee des Restaurants entspricht es, dass die Erzieher/innen in erster Linie für einen reibungslosen Ablauf der Mahlzeiten sorgen und nicht ihre eigene Mahlzeit zusammen mit den Kindern einnehmen. Dies gilt besonders für das Mittagessen. Es hängt allerdings sehr vom Alter und der Anzahl der Kinder ab, ob eine Erzieherin mit organisatorischen Aufgaben voll ausgelastet ist. Wenn mehrere Kolleginnen vorhanden sind, ergibt sich häufig die Situation, dass sich die Erwachsenen zu einer Gruppe an den Tisch setzen und in Ruhe mit essen können.

Wenn die Erzieher/innen die Kinder bedienen, sorgen sie dafür, dass sich die Kinder auf das Wesentliche, das Essen in Gemeinschaft, konzentrieren können. Wir sehen darin keinen Widerspruch zu dem Ziel, die Selbständigkeit der Kinder zu fördern. Im Gegenteil: Das Kinderrestaurant fördert die Selbständigkeit, weil die Kinder selbst bestimmen können, wann und mit wem sie essen. Sie sollen selbst bestimmen, wie viel sie essen. Sie können sich aus den Schüsseln, die auf dem Tisch stehen, selbst bedienen. Wenn sie aber auch noch selbst für den Nachschub sorgen müssen, hat dies weniger mit Selbständigkeitserziehung als mit einer erzwungenen Mobilität, wie in einer Kantine, zu tun. Die Erzieher/innen nehmen den Kindern das ab, was zu unnötigem Hin- und Herlaufen und damit zu einer ungemütlichen Atmosphäre beiträgt.

Ausgehend davon wie viele Kinder insgesamt essen, muss festgelegt werden, wie viele Tischzeiten angeboten werden, wie lang sie sind und wann sie beginnen. Parallel dazu kann die Küche das Essen dem Bedarf entsprechend produzieren, so dass längere Warmhaltezeiten vermieden werden. Durch mehrere feste Essenszeiten entfällt die Spitzenbelastung im Hauswirtschaftsbereich. Das Essen kommt jedes Mal frisch auf den Tisch. Wenn das Essen nicht in einer eigenen Küche produziert, sondern angeliefert wird, führen verschiedene Mahlzeiten allerdings dazu, dass das Essen noch länger warm gehalten werden muss. Dies ist ein Grund dafür, dass Ganztagseinrichtungen für Kinder eigene Küchen benötigen[2]. Nur in der eigenen Küche kann die Nahrung frisch zubereitet werden. Nur das hauseigene Küchenpersonal kann flexibel auf die unterschiedlichen und wechselnden Bedürfnisse der Kinder in der Kita reagieren.

In den Kitas, in denen es hauswirtschaftliches Personal gibt, führt die Einrichtung eines Kinderrestaurants dazu, dass die Mitarbeiter/innen sich mehr als vorher absprechen müssen. Geklärt werden sollte zum Beispiel, wer für das Eindecken, die Zwischenreinigung oder den Essentransport zuständig ist. Eine intensivere Zusammenarbeit zwischen den pädagogischen und hauswirtschaftlichen Mitarbeiter/innen sollte auch die gemeinsame Beratung von Regeln einschließen, die wesentlich zur Verhaltenssicherheit auf allen Seiten beiträgt.

2 *Siehe dazu: Claudia Hontschik: Essen in der Kindertagesstätte. In: Elisabeth Hollmann/Jörg Reiner Hoppe: Kindergärten bauen. Eigenverlag des Deutschen Vereins für öffentliche und private Fürsorge. Frankfurt a. M. 1994*

## Planungshilfen für Kinderrestaurants

**1. Räumliches**
- Ein Raum, der in unmittelbarer Nähe der Küche liegt.

**2. Ausstattung**
- Tische • Hocker, Stühle und/oder Bänke • evtl. Trennwände • Geschirrschrank • Anrichte oder Tresen • evtl. Küchenzeile

**3. Akustik**
- Da es im Kinderrestaurant laut ist, muss der Raum mit einer Schallschutzdecke ausgestattet sein. Vorhänge, Sajade an den Wänden, Raumteiler und Tischdecken bzw. Sets tragen zur Geräuschdämpfung bei.

**4. Beleuchtung**
- Jeder Tisch braucht eine Beleuchtung. Wir empfehlen eine Kombination von Hängelampen und Wandleuchten.

**5. Farben**
- Von warmen bis zu kühlen Tönen können Kinderrestaurants in den meisten Farben gestaltet werden.

**6. Ästhetik**
- Die ästhetische Gestaltung des Kinderrestaurants regt durch eine gute Akustik, angenehme Beleuchtung und harmonische Farbgebung die Sinne der Kinder an. Zusammen mit schmackhaftem Essen und der aufmerksamen Begleitung durch die Erzieher/innen ermöglicht sie es den Kindern, ein lustvolles Verhältnis zum Essen beizubehalten bzw. zu entwickeln.

**7. Inhaltliches**
- Geklärt werden muss: Wie definieren die Erzieher/innen ihre Rolle im Kinderrestaurant? Wie können sie für einen reibungslosen Ablauf und eine entspannte Atmosphäre während der Mahlzeiten sorgen?

**8. Organisatorisches**

- Wie viele Kinder essen insgesamt? Gibt es verschiedene Tischzeiten? Wie viele Tischzeiten werden angeboten? Wie lang sollen die Tischzeiten sein? Wann beginnen sie?

**9. Regeln**

- Das Kinderrestaurant bietet die Chance, dass alle Kollegen und Kolleginnen einer Kita zu einer Vereinheitlichung ihrer oft sehr unterschiedlichen Handhabung der Essenssituation kommen. Wichtigste Regel sollte sein, dass die Kinder nicht zum Essen, auch nicht zum »Probieren«, gezwungen werden. Die Regeln müssen so formuliert werden, dass sie die Freude der Kinder am Essen unterstützen.

**10. Einbeziehung der Eltern**

- Im Kinderrestaurant können die Eltern sowohl Kindern und Erzieherinnen als auch anderen Vätern und Müttern begegnen.

**11. Absprachen zwischen den Mitarbeiterinnen im Hausbereich und den Pädagogen**

- Es ist zwar notwendig, sich mehr abzusprechen, aber wenn das Kinderrestaurant neben der Küche liegt, gibt es unkomplizierte Kontaktmöglichkeiten zwischen den Mitarbeiterinnen in der Küche und den Pädagoginnen, die zur Verbesserung der Zusammenarbeit beitragen können.

# Akustik

*Ob gesungen oder gegrölt wird, ist ebenso weitgehend durch die Raumbedingungen bestimmt, wie ob geredet oder geschrien wird.*

*Hans-Peter Reinecke*

Oft ist das Erste, was einem Besucher von Kindertagesstätten auffällt, die Lautstärke. »Gewöhnlich ist es in den Kindertagesstätten exzessiv laut«, heißt es in einem Band, der von italienischen Architekten und Designern herausgegeben wurde, in dem sie zusammen mit Mitarbeiterinnen des Pädagogischen Zentrums in Reggio ein Raumgestaltungskonzept für Kintertagesstätten entwickeln.[1]

In Dänemark wurden akustische Messungen in Kindergärten durchgeführt, da sich für die Schwerhörigkeit von Erzieherinnen, die sich zur Behandlung in eine audiologische Klinik begeben hatten, zunächst keine überzeugende Ursache finden ließ. Die Messungen erbrachten 80 bis 85 Dezibel (dB) Mittelungspegel während der Arbeitszeit. Die Angestellten arbeiteten also unter einer Lärmbelastung, bei der im normalen Industriebetrieb Gehörschutz empfohlen wird.[2]

In einer finnischen Studie wurden die Sprechbelastungen und die Anfälligkeit für Stimmstörungen bei 200 Erzieherinnen aus 25 Kindertagesstätten untersucht. »Als Hauptursachen für die Störungen erwiesen sich die mangelhafte Akustik der Räume und – hieraus resultierend – das ständige überlaute Sprechen«.[3] Alle Praktiker in der Kindertagesstättenarbeit sind mit diesen Phänomenen bestens vertraut. Die wissenschaftlichen Untersuchungen bestätigen nur die Erfahrung in der Praxis. Viele Erzieher/-innen leiden unter der Lärmbelastung, wissen aber nicht, was sie dagegen tun können.

Damit kostenintensive bauliche Maßnahmen nicht so leicht von den Trägern abgelehnt werden können, raten wir Erzieherinnen und Leiterinnen dazu, sich auf die Arbeitsstättenverordnung (ArbStätt V) von 1975 zu berufen. Wie bei Gesetzen üblich, müssen auch diese Vorschriften interpretiert werden. Wir halten es für notwendig, dass sowohl im Interesse der Gesundheit der Erzieher/innen als auch für die ungestörte Entwicklung der Kinder die Vorschrift aus der Arbeitsstättenverordnung angewandt wird, die bei Betrieben mit überwiegend geistiger Tätigkeit einen Grenzwert von 55 dB (A) vorsieht. Daraus folgt, dass beim Neubau von

1 *Reggio Children & Domus Academy Research Center: children, spaces, relations, metaproject for an environment for young children. Reggio Emilia 1998, p 94*

2 *Nilsson, P.: Noise-induced hearing loss and tinnitus in kindergarten teachers. In: Carter, N; Job, S. (Eds.): Noise Effects 98. 7th Intern. Congress on Noise as a Public Health Problem. Sydney, 1998. Vol. 1: p. 47-50. Zitiert nach: Schick, A..; Klatte, M.; Meis, M.: Die Lärmbelastung von Lehrern und Schülern – ein Forschungsstandsbericht. In: Zeitschrift für Lärmbekämpfung 3/1999, S. 83*

3 *Sala, E.; Airo, E.; Lain, A.; Olkinuora, P.; Pentti, J.; Suonpää, J.: Vocal loading and prevalence of voice disorders of day care center personnel. A.a.O., S. 81*

Kindertagesstätten große Flächen mit harten Oberflächen wie Glas, Stein und Beton vermieden werden müssen. Darüber hinaus ist zur wirksamen Absenkung des generellen Geräuschpegels der standardmäßige Einbau von Schallschutzdecken vorzusehen. In den neu erbauten kommunalen Kitas in Hamburg gehören Schallschutzvorrichtungen an den Decken inzwischen zum Standard.

In den bestehenden Kitas kann die Akustik erheblich verbessert werden – durch den nachträglichen Einbau von Schallschutzdecken, durch geräuschdämmende Fußbodenbeläge, zum Beispiel Teppich- oder Korkböden, und durch einen schallabsorbierenden Anstrich der Wände mit Sajade. All das kostet natürlich Geld. Wir möchten dazu ermutigen, den Kampf um die Anerkennung dieses sträflich vernachlässigten Problems aufzunehmen und auf die Suche nach finanzieller Unterstützung zu gehen. Landesunfallkassen, Krankenkassen, Arbeitssicherheitsbeauftragte, Arbeitsmediziner, Betriebs- oder Personalräte und eine über die Eltern hergestellte Öffentlichkeit müssten als Verbündete gewonnen werden können.

Schick, Klatte und Meis führen in einem Überblick über den Stand der Forschung zahlreiche Untersuchungen in Schulen an, die belegen, dass Lärm sowohl Kinder mit Hörstörungen als auch normale Schüler und besonders ausländische Kinder beeinträchtigt. Nachdenklich stimmen müssten die Ergebnisse von zwei Untersuchungen, »dass Lärm auch die Kontakt- und Hilfsbereitschaft mindert«.[4]

Das Hamburger Raumgestaltungskonzept beschäftigt sich intensiv mit der Qualität der Akustik in Kitaräumen. Raumgestaltung bedeutet für uns auch die Gestaltung der Geräuschatmo-

4 *Glass, D.; Singer, J.: Urban stress: Experiments of noise and social stressors. New York, Academic Press 1972; Cohen, S.; Lezak, A.: Noise and inattentiveness to social cues. Environment and Behavior 9 (1977), a.a.O., S. 81*

sphäre. Durch die Gliederung von großen, übersichtlichen Gruppenräumen in »Räume im Raum« können Kinder parallel spielen, ohne sich gegenseitig zu stören. Dabei kommt der Lärm, wie er in der Großgruppe entsteht, gar nicht erst auf.

Wenn Rückzugsmöglichkeiten fehlen, sind die Kinder ständig gezwungen, aktiv zu sein. Gelegenheiten zum Rückzug anzubieten, wo immer dies möglich ist, trägt deshalb entscheidend zu einer angenehmen akustischen Atmosphäre bei. Die Kinder können dann, ihrem eigenen Rhythmus folgend, von aktiven zu ruhigen Phasen wechseln.

Kinder, die sich nicht nur draußen, sondern auch in den Innenräumen bewegen dürfen und die vielfältige Gelegenheit nutzen können, um ihre Körperkräfte gezielt einzusetzen und ihre

Geschicklichkeit zu erproben, machen Geräusche, erzeugen aber in der Regel keinen Lärm. Auf die speziellen akustischen Anforderungen an die Räume, die sie dafür brauchen, werden wir in den Planungshilfen für die Ateliers, Werkstätten, Bauräume usw. eingehen.

Akustisch problematisch sind in der Regel das Kinderrestaurant und der Bewegungsraum. Zur Verminderung der in diesen Räumen entstehenden Dröhn- und Halleffekte muss schallschluckendes Material an der Decke, den Wänden und/oder auf dem Boden verwendet werden. Aus ästhetischen und aus Schallschutzgründen vermeiden wir große reflektierende Flächen beim Bau von Spielebenen. Holzeinbauten werden nicht lackiert. »Zur Absorption höherer Frequenzbereiche, wie sie z.B. in den Konsonanten der Sprache ... auftauchen, sind vor allem poröse Materialien erforderlich.«[5] Darüber hinaus fördert nur das naturbelassene

5 *Hans- Peter Reinecke: Die akustische Umwelt der Kindertagesstätte. In: Linde Burkhardt (Hrsg.): Kindertagesstätte – Erste Begegnung mit der organisierten Umwelt. IDZ Berlin 1976, S. 141*

Holz die Wahrnehmungsfähigkeit der Kinder. Sie können es riechen, weil es über lange Zeit seinen Geruch behält. Es regt ihr Tastempfinden an, weil verschiedene Holzarten unterschiedliche Oberflächen haben. Aus diesen Gründen akzeptieren wir es auch, wenn das Spiel der Kinder im Laufe der Zeit sichtbare Spuren auf dem unlackierten Holz hinterlässt.

Zu den porösen Materialien, die den Schall besonders wirksam schlucken, gehören Textilien. Wir verwenden deshalb für die Brüstungen von Hochebenen nicht nur Holz, sondern auch Stoff. Aufstiege und Böden in Einbauten werden häufig mit Teppich belegt. Im unteren Bereich der Spielebenen sollte mit Stoff nicht gespart werden. Im Rollenspielbereich bieten sich zum Beispiel Vorhänge aus Samt an. Zur Absenkung der Deckenhöhe können Segel gespannt werden. Insbesondere Kissen, Decken, Tücher und mit Stoff bezogene Schaumstoffelemente tragen zur Verbesserung der Akustik bei.

Der Einsatz solcher Materialien ist arbeitsintensiv. Abgerissene Vorhänge müssen wieder hergerichtet, Kissenbezüge gewaschen, Teppichböden gesaugt werden. Der Aufwand lohnt sich aber aus mehreren Gründen: Neben ihren geräuschmindernden Eigenschaften befriedigen Textilien das Bedürfnis der Kinder nach Anregung ihres größten Sinnesorgans, der Haut. Zugleich sind sie wichtige Mittel zur ästhetischen Gestaltung der Räume.

Außer den im Raum verwendeten Materialien prägen Licht und Farben die Raumatmosphäre.

# Licht

*Das Licht erreicht uns über unsere Empfindung.*
*Robert Delaunay*

Die außerordentliche Bedeutung von Licht für das menschliche Wohlbefinden wird in Kindertagesstätten noch zu selten beachtet. Hauptsächlich geht es um Quantität, nicht um Qualität. Um eine gleichmäßige und monotone Ausleuchtung der Räume zu begründen, müssen in der Regel die »Richtwerte für die Beleuchtung von Unterrichtsstätten« herhalten, die für Gruppenräume 300 Lux vorsehen. Während im Fall der teuren Schallschutzmaßnahmen die entsprechende Verordnung ignoriert wird, führt hier ihre Anwendung meist zur preiswerten »Lösung«: Leuchtstoffröhren.

Leiter/innen und Erzieher/innen, die sich über die behördenmäßige bzw. »anstaltsartige« Beleuchtung von Kindertagesstätten beklagen, bekommen häufig das Argument zu hören, dass – laut Arbeitsstättenverordung – das Licht zum Putzen geeignet sein muss.[1] Dieser Gesichtspunkt ist zwar wichtig, als ausschlaggebendes Argument zeigt es aber auch die Hilflosigkeit derjenigen, die sich mit dem komplizierten Thema Licht intensiver auseinander setzen müssten.

Wir kennen mehr Räume für Kinder, die nur mit ständiger künstlicher Beleuchtung zu nutzen sind als solche, in denen man auskommt, ohne das Licht einzuschalten. Hanns Freymuth hat sich schon 1976 damit beschäftigt, aus welchen Gründen es in Kindertagesstätten zu wenig Tageslicht gibt. »Eine viel zu geringe Fensterfrontlänge bei zu großer Raumtiefe und ein viel zu niedriger Fenstersturz erfordern überwiegend künstliche Beleuchtung bei Tage«.[2]

Diese Architektur ist deswegen problematisch, weil Tageslicht nicht einfach durch Kunstlicht zu ersetzen ist. Man muss sich nur klar machen, dass bei strahlendem Sonnenschein im Hochsommer bis zu 100.000 Lux gemessen werden können und im Winter immerhin noch 10.000 Lux. Im Tageslicht ist das ganze Farbspektrum des Regenbogens vorhanden. Bei künstlichem Licht ist dieses Spektrum in der Regel eingeschränkt. Nur Tageslicht lässt uns die Zeit wahrnehmen. Es moduliert die Dinge, lässt sie flächig oder plastisch erscheinen. Durch die Veränderung des Tageslichts werden die Sinneswahrnehmungen der Kinder ganz anders geschärft als durch konstantes künstliches Licht. Licht steuert körperliche Vorgänge. Es beeinflusst die Körpertemperatur, den Stoffwechsel, den Herzschlag, die Gehirntätigkeit und die Hormonproduktion.

Oftmals gibt es über das fehlende Tageslicht hinaus im Kita-Alltag Probleme im Zusam-

---

1 *Siehe auch: Gerold Becker: Pädagogik in Beton. In: Gerold Becker/Johannes Bilstein/Eckart Liebau (Hrsg.): Räume bilden. Studien zur pädagogischen Topologie und Topographie. Kallmeyersche Verlagsbuchhandlung, Seelze-Velber, o. J.*

2 *Hanns Freymuth: Tageslicht für Kinder. In: Linde Burkhardt (Hrsg.): Kindertagesstätte – erste Begegnung mit der organisierten Umwelt. IDZ Berlin 1976, S. 115*

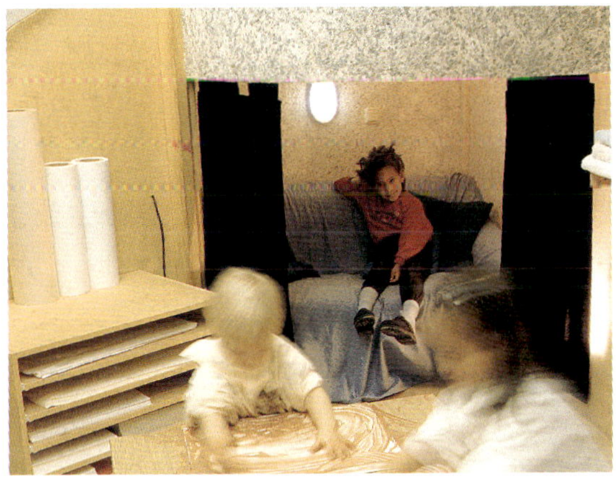

menhang mit den Fenstern, so dass Leiter/innen und Erzieher/innen beim Bau von neuen Kitas auf Folgendes achten müssten: Die Fenster sollten eine niedrigere Brüstung als normale Fenster haben, damit auch kleine Kinder hinaussehen können. Fenster sollten doppelt verglast sein, um die Kinder vor Zugluft zu schützen sowie eine gute und kindersichere Raumlüftung zu gewährleisten. Und sie müssen wirksam gegen zu intensive Sonneneinstrahlung geschützt werden können, am besten durch einen beweglichen, äußeren Sonnenschutz.

Aus Kostengründen ist es vermutlich leichter zu realisieren, nachträglich Innenfenster einzubauen. Lichtbänder, also Innenfenster in Form von Bändern im oberen Bereich der Wand, erhellen dunkle Räume und erhalten die Wandfläche. Nicht schwer nachträglich einzusetzen sind verglaste Türen. Sie bringen nicht nur Licht, sondern machen auch das Geschehen im Raum transparent. Die Sichtkontakte stiften Verbindungen. Sie können aber auch das Bedürfnis nach Intimität stören. Deshalb sollten sich Durchblicke aller Art abwechseln mit Zonen, die nicht einsehbar sind. In den kommunalen

Kitas in Hamburg hat es sich bewährt, in den Krippen nur den unteren Teil der Türen zu verglasen. Das kommt krabbelnden Kindern besonders entgegen und die Erwachsenen sehen, ob sich hinter der Tür ein Kind befindet.

Mit den meisten Kita-Leiter/innen und Erzieher/innen sind wir uns darin einig, die uniformen Leuchtstofflampen an der Decke abzulehnen. In vielen Hamburger Kitas wurden die »Behörden-Lampen« durch individuelle Leuchtkörper ersetzt.

Das Rheinland-Pfälzische Ministerium für Arbeit, Soziales, Familie und Gesundheit hat 1992 Empfehlungen für den Bau und die Ausstattung von Kindertagesstätten herausgegeben, in denen festgestellt wird: »Künstliche Lichtquellen müssen dort sein, wo sie gebraucht werden, d.h. anstelle von starren Deckenlampen sind einzeln schaltbare Wandlampen, Strahler oder Hängelampen zu bevorzugen.«[3]

Hier kehrt sich eine Behörde von der Forderung nach gleichmäßiger Ausleuchtung der Räume ab. Die beiden Varianten – einzelne Lampen dort, wo sie gebraucht werden, und eine Decken- oder Grundbeleuchtung – sollten jedoch keine Alternativen sein. Wir halten es in den meisten Räumen für sinnvoll, beide Beleuchtungsarten zu kombinieren. Bei der Beschreibung der einzelnen Funktionsräume und in den Planungshilfen werden wir auf die speziellen Anforderungen an die Beleuchtung näher eingehen.

Die Räume so zu beleuchten, dass sich alle in ihnen wohl fühlen, ist nicht einfach. Die Mitarbeiter/innen in den Kitas wünschen sich oft ein schönes, gemütliches Licht. Aber nicht überall in der Kita braucht man gemütliches Licht. So unterschiedlich die Ausstattung der einzelnen Räume sein sollte, damit sich die Kinder in ihnen entspannen oder bewegen, Rollen spielen oder werken können, so unterschiedlich sollte auch die Beleuchtung dieser Räume sein. Die unterschiedlichen Atmosphären im Raum, die sich mit künstlichem Licht erzeugen lassen,

3 *Zitiert nach: Walden, Rotraut; Schmitz, Inka: KinderRäume. Lambertus Verlag, Freiburg 1999*

kann man grob unterteilen in helles, aktivierendes Licht und in milde, beruhigende Beleuchtung. Nur ein gedämpftes Licht lädt in einem entsprechend gestalteten Raum zur Entspannung ein. Nur helles Licht wirkt aktivierend. Da die Kinder in den meisten Räumen der Kita aktiv sind, empfehlen wir in den Räumen für Bewegung, Bauen, Rollenspiel und im Atelier eine helle Decken- oder Wandbeleuchtung.

Ob eine helle Grundbeleuchtung so unbehaglich wirkt wie die herkömmliche Decken-Raster-Beleuchtung oder ob sie zum Wohlbefinden beiträgt, darüber entscheiden die Art und Anzahl der Lampen, ihre Platzierung im Raum, die Lichtfarbe und die Beleuchtungsstärke. Eine Faustregel besagt, dass bei geringer Beleuchtungsstärke warme Lichtfarben und mit Zunahme der Beleuchtungsstärke kältere Lichtfarben als behaglich empfunden werden. Praktisch heißt das: In Arbeitsräumen, wie dem Atelier, sollten Halogen- oder Leuchtstofflampen mit Tageslichtwiedergabe, in den Räumen, die kein Arbeitslicht brauchen, wie dem Kinderrestaurant, Glühlampen oder Warmton-Leuchten verwendet werden.

Ganz stark beeinflusst die Farbe der Wände, Decken und Böden sowie großer Einrichtungsgegenstände die Wirkung der Beleuchtung. Um helles Licht zu erhalten müssen die Flächen im Raum das Licht reflektieren können. In allen Räumen, in denen Kinder aktiv sind, sollten

deshalb die Decken weiß und die Wände in einem warmen, aber hellen Ton gestrichen werden. In den Rückzugsbereichen auf zwei oder mehr Spielebenen können warme, dunkle Farben Geborgenheit vermitteln. Diese Bereiche brauchen eigene Beleuchtungskörper, die von den Kindern selbständig an- und ausgeschaltet werden sollten.

Wolfgang Mahlke und Norbert Schwarte sprechen zum Thema Licht davon, dass sie versucht haben, »in Kindergartenräumen durch Differenzierung eine Atmosphäre herzustellen, die derjenigen im Wald nahe kommt, mit lichten und dunklen Stellen.«[4]

In der Reggio-Pädagogik hat der Umgang mit Licht einen ganz besonderen Stellenwert. In Projekten beschäftigen sich die Kinder und Erzieher/innen mit Licht und Schatten. Zur Grundausstattung jedes Ateliers gehören Leuchttisch, Dia- und Overheadprojektor. In den Gruppenräumen gibt es fest installierte Schattenspielvorrichtungen, die jederzeit nutzbar sind. Für die Raumgestaltung fordert die Reggio-Pädagogik Licht, das differenziert, variabel und komplex ist – mit einem Wort, das »Lichtlandschaften« hervorbringt.[5]

Ebenso wie die Pädagogen in Reggio gehen wir davon aus, dass die Qualität der Lichtgestaltung nicht nur wichtig für das Wohlbefinden, sondern auch für die Anregung der Sinne der Kinder ist. Wahrnehmungsförderung beginnt mit der intensiven Auseinandersetzung mit Licht und Farben.

---

4 *Wolfgang Mahlke/Norbert Schwarte: Raum für Kinder. Beltz Verlag, Weinheim und Basel 1991, S. 92*

5 *Reggio Children & Domus Academy Research Center: children, spaces, relations, metaproject for an environment for young children. Reggio Emilia 1998, p. 45*

# Farben

*Farbe ist Leben, denn eine Welt ohne Farben erscheint uns wie tot. Farben sind Ur-Ideen, Kinder des uranfänglichen farblosen Lichtes und seines Gegenparts, der farblosen Dunkelheit. Wie die Flamme das Licht, so erzeugt das Licht die Farben. Das Licht, dieses Urphänomen der Welt, offenbart uns in den Farben den Geist und die lebendige Seele der Welt.*

*Johannes Itten*

Wir haben den Eindruck, bei der Farbgestaltung von neuen oder umgebauten Kitas wird zunehmend darauf Rücksicht genommen, dass die Kinder selbst bzw. ihre Kleidung und die meisten Spielsachen bunt sind.[1] Ein verbreiteter Rat für die Farbgestaltung lautet deshalb: Gehen Sie zurückhaltend mit Farben um. Streichen Sie am besten alle Wände weiß. Wir würden Weiß in allen Räumen nur empfehlen, wenn gar keine Zeit bleibt, sich mit der Farbgestaltung auseinander zu setzen.

Für viele Menschen, die Kindergärten einrichten, ist klar: In Räume für Kinder gehören die Primärfarben Rot, Gelb und Blau. In anthroposophischen Kindergärten werden die Räume nach Rudolf Steiners Farbangaben in einem Pfirsichblüten-Ton gestrichen. Für uns steht fest, dass es *die* Farbe für Kita-Räume nicht gibt. Der Maler Wassily Kandinsky unterscheidet zweierlei Wirkung von Farbe: Die rein physische und die psychische Wirkung, die »eine seelische Vibration hervorruft«.[2] Um diese Wirkung bewusst zu spüren, muss man sich allerdings mit den Farben beschäftigen.

Wir erleben immer wieder, dass die Unsicherheit im Umgang mit Farben groß ist. Früher war

1 *Siehe dazu: Hartmut von Hentig: Die Gebäude der Bielefelder Laborschule. In: Gerold Becker/Johannes Bilstein/Eckart Liebau (Hrsg.): Räume bilden. Studien zur pädagogischen Topologie und Topografie. Kallmeyersche Verlagsbuchhandlung, Seelze-Velber, o. J.*

2 *Wassily Kandinsky: Über das Geistige in der Kunst. Benteli Verlag, Bern, 1952, S. 61*

Farbe nur etwas für Mutige. Heute ist Farbe allgegenwärtig. Offenbar macht aber die vorhandene riesige Farbpalette die Auswahl nicht leichter. In öffentlichen Räumen wird deshalb gerne zu angeblich neutralen Farben gegriffen. In Kindergärten trifft man oft Beige an, einen Farbton, »für den man sich zu entscheiden vorgibt, obwohl damit eigentlich keine Entscheidung fällt«.[3] Wenn man sich aber stärker auf all das konzentriert, was man über alle Sinne wahrnimmt, wie es das von uns entwickelte Raumgestaltungskonzept mit sich bringt, gewinnt man auch in der Wahl der angemessenen Farben für die Kita-Räume Sicherheit.

Vorlieben für Farben sind kulturell geprägt. Darüber hinaus sind sie in hohem Maße subjektiv. Trotzdem können den Farben Eigenschaften zugeschrieben werden, die sich bei der Raumgestaltung nutzen lassen: Es gibt Farben, wie Rot und Gelb, die eher in den Vordergrund treten als andere, die eher im Hintergrund bleiben, wie Grün und Blau. Pastellfarben reflektieren das Licht eher als satte Farben, die das Licht gleichsam schlucken. Mit hellen Pastellfarben kann man Dingen einen leichten, heiteren, manchmal schwebenden Charakter verleihen, während satte, dunkle Farben zum Eindruck von Massigkeit und Erdverbundenheit führen.

3 *Wolfgang Mahlke, Norbert Schwarte: Raum für Kinder. Beltz Verlag, 1991, S. 92*

Vor allem aber lassen sich Farben in die warmen Farben der Erde – Braun, Ocker, Gelborange, Orange, Braunrot – und die kalten Farben des Wassers einteilen.

Farbliche Raumgestaltung umfasst die Farbe an den Wänden und an der Decke, die Farbe des Fußbodens, der Türen und Fensterrahmen sowie solcher großflächigen Einrichtungsgegenstände wie Teppichböden oder Teppiche und Gardinen, Rollos usw.

Harmonisch wirken Kita-Räume in der Regel dann, wenn man sich für eine Farbe entscheidet. Wichtiger, als kurzfristigen Modetrends zu folgen oder einfach zur eigenen Lieblingsfarbe zu greifen, ist es, eine Farbe zu finden, die dem Charakter (hell – dunkel, groß – klein, niedrig – hoch) und der Funktion des Raumes (zum Beispiel Bewegung oder Ruhe) angepasst ist.

In kleinen Ruheräumen bieten sich lichte, warme Farben an (zum Beispiel ein helles Gelborange). Bei der farblichen Auswahl der Gardinen, des Teppichbodens, der Polster usw. sollte man im Spektrum der gewählten Farbe, also Ton-in-Ton, bleiben.

Für große Bewegungsräume erscheint uns Grün, die Farbe der Natur, sehr geeignet – vor allem, wenn sich im Raum Materialien aus Holz befinden. Grün lässt sich am besten mit Naturmaterialien kombinieren. Zu einem Hauch von Grün an den Wänden passt ein Teppichboden in einem entsprechenden vollen Grünton. Bei größeren Einrichtungsgegenständen könnten Akzente in der Komplementärfarbe*, also bei Grün in Rot, gesetzt werden.

Komplementärfarben bilden Kontraste. Ihre Kombination wirkt aktivierend. Sie ist farblich harmonisch, erzeugt aber auch Spannung – im Gegensatz zu den Ton-in-Ton Farben, die beruhigend wirken.

In der Regel sollten die Farben an den Wänden und der Decke nicht dominieren. Die Farbe muss also mit Weiß gemischt werden. Um kleinen Räumen einen höhlenartigen Charakter zu verleihen, kann man aber sehr wohl einen vollen Farbton wählen und mit ihm nicht nur die Wände, sondern auch die Decke streichen.

Diese Anregungen unterstellen, dass die Räume wohlproportioniert sind und sich unproblematisch dem Zweck entsprechend farblich gestalten lassen. Oft sind Kita-Räume jedoch alles andere als ideal, das heißt, sie sind zu hoch, zu klein oder zu dunkel. In diesen Fällen muss die Farbe in erster Linie eingesetzt werden, um die Mängel auszugleichen. Man kann zum Beispiel in hohen, schachtartigen oder zu kleinen Räumen den Wanden eine helle, lichte, den Raum weitende Farbe geben und nicht nur die Decke, sondern auch einen breiten Streifen unterhalb der Decke an den Wänden weiß streichen.

---

* *Komplementärfarben sind die Farben zweiter Ordnung (Orange, Grün, Violett) die den Farben erster Ordnung (Blau, Rot, Gelb) im Farbkreis gegenüberliegen.*

Neben den genannten Gesichtspunkten spielt für die farbliche Gestaltung in unserem Raumkonzept die Wahl der Materialien eine wichtige Rolle. Am differenziertesten regen Naturmaterialien die Sinne der Kinder an. In erster Linie ist hier Holz zu nennen, das viele Erzieher/innen und Leiter/innen bevorzugen. Deshalb findet man in den Katalogen für die Einrichtung von Kindergärten und Tagesstätten fast ausschließlich Möbel aus Holz bzw. mit Holzfurnier. In der Regel handelt es sich um Spanplatten, die mit Holzfurnier überzogen und klar lackiert sind. Sie wirken steril, sind aber pflegeleicht und so uniform, dass sie auch aus Plastik sein könnten. Ökonomische Effektivitätszwänge und überzogene Hygienevorstellungen haben Möbel aus dem lebendigen Naturstoff Holz verdrängt. Uns scheint es an der Zeit, dass gerade in Einrichtungen für Kinder wieder die verschiedenen heimischen Holzarten zum Einsatz kommen, die die unterschiedlich-

sten Ausdrucksformen und Farbvariationen besitzen. Holzfurnier ist nicht gleich Holz. Nur in seiner ursprünglichen, handwerklich bearbeiteten Form kann es die Sinne der Kinder anregen und bleibt nicht bloße Dekoration.

Wenn aus finanziellen Gründen furnierte Möbel genommen werden müssen, sollten sie holzfarben und nicht grün, rot oder blau sein. Sonst treten sie aus ihrer dienenden Funktion heraus und nehmen optisch einen Raum ein, der unangemessen ist: Tische werden mit Geschirr oder Arbeitsmaterialien bedeckt, auf Stühlen und Hockern sitzen bunt gekleidete Kinder, in den Regalen lagern vielfarbige Materialien.

Es besteht allerdings die Gefahr, dass der verstärkte Einsatz des Naturmaterials Holz wiederum zur Monotonie führt. Bei den Einbauten des »Würzburger Modells«, das von Wolfgang Mahlke entwickelt wurde, finden wir dafür Beispiele. Holz ist jedoch das variationsreichste Material, das uns zur Verfügung steht. Es kann weich oder hart, rau oder glatt, gerade oder gebogen, eben oder schräg, regelmäßig oder unregelmäßig, rund oder eckig sein. An geeigneter Stelle kann es seine Rinde oder seine Astlöcher behalten. Es lässt sich wunderbar mit anderen Naturmaterialien wie Hanf, Kokos, Baumwolle, Wolle und Seide kombinieren. Größeren Holzeinbauten kann man durch farblich gebeizte Teile den Kistencharakter nehmen. Durch die Farbe heben sich die Flächen voneinander ab.

Bevor Sie Entscheidungen über die Farbe von Wänden und Einrichtungsgegenständen treffen, schauen Sie sich an, welche Farben die Natur miteinander kombiniert. Dazu bieten sich Sammlungen von Naturmaterialien im Baubereich und im Atelier an. Berücksichtigen Sie vor allem den Charakter und die Funktion des Raumes für die Kinder. Wählen Sie dann Farben, die Harmonie und Attraktivität ausstrahlen.[4] Und scheuen Sie sich nicht, auf die Suche nach Beratung zu gehen. Das kann ein Gespräch mit einer auf Raumgestaltung spezialisierten Fachberaterin sein oder eine Fortbildung zur Raumgestaltung. Manchmal fördert auch eine Nachfrage unter den Eltern Mütter oder Väter zutage, die sich mit Innenarchitektur oder Design beschäftigen. Wenn diesen Eltern das pädagogische Konzept erläutert wird, stellen sie möglicherweise ihr Wissen für die farbliche Gestaltung von Räumen für Kinder zur Verfügung. Außerdem kann die Besichtigung von anderen Einrichtungen in Räume führen, deren farbliche Gestaltung gelungen ist.

4 *Sehr anregungsreich: Joanna Copestick, Meryl Lloyd: Wohnen mit Farbe, Nicolaische Verlagsbuchhandlung, Berlin 1999*

# Kita als Lernwerkstatt durch Bewegungsräume

Für Bewegung ist in Kindergärten traditionell der Garten vorgesehen. Nach Phasen des ruhigen Spiels im Haus, oft an Tischen, geht die ganze Gruppe hinaus, damit die Kinder sich bewegen können. Das Bewegungsbedürfnis der Kinder in den Innenräumen zu regulieren ist ein immer währendes Thema. Halbtagskindergärten, insbesondere auf dem Land, unterscheiden sich selbstverständlich von Einrichtungen in innerstädtischen Gebieten, in denen die Kinder ganztags betreut werden. Hier herrscht, jedenfalls in Hamburg, oft Platzmangel in den Räumen – und viel zu oft auch draußen. Deshalb ist das Thema Bewegung häufig ein Konfliktpunkt zwischen Erwachsenen und Kindern.

In den kommunalen Kitas in Hamburg waren diese Konflikte Anlass, über die Einrichtung von Bewegungsräumen nachzudenken. Ausgehend von den Erkenntnissen der Psychomotorik, entwickelten wir die ersten Spielebenen, um die Bewegungsmöglichkeiten der Kinder im Gruppenraum zu erweitern – stießen jedoch schnell an die verständlichen Toleranzgrenzen der Erwachsenen. Während sie mit anderen Kindern ruhigeren Aktivitäten nachgingen, empfanden die Erzieher/innen die Kinder auf den Spielebenen einfach als zu laut. Dabei nutzten die Kinder die Treppen, Leitern oder Balkone nur so, wie sie gedacht waren. Die Lösung des Problems, dass in einem einzigen Raum nicht miteinander zu vereinbarende Aktivitäten stattfinden (müssen), liegt für uns im Konzept der offenen Arbeit.

## Vom Sitz- zum Bewegungskindergarten

In der offenen Arbeit spielt die Entwicklung vom Sitz- zum Bewegungskindergarten eine zentrale Rolle. Der Sitzkindergarten lehnt sich zu sehr an die Schule an. Im Bewegungskindergarten wird auch gelernt, aber in der Regel nicht im Sitzen. Bevor Kinder Lesen, Schreiben, Rechnen lernen – was, wie wir heute wissen, auch nicht notwendigerweise still an Tischen sitzend geschieht –, lernen sie sich zu bewegen. Bewegung ist ihre erste Sprache. Sie zeigen auf das, was sie haben möchten. Sie strampeln mit den Beinen, um ein über ihnen hängendes Spielzeug zum Schwingen zu bringen. Die Entwicklung ihrer körperlichen Fähigkeiten ist die Grundlage für ihre geistige bzw. sprachliche Entwicklung. Hat das Kind erst einmal laufen gelernt, wird der weiteren Bewegungsentwicklung jedoch häufig zu wenig Aufmerksamkeit geschenkt.

Nach unserer Erfahrung wird Bewegung in Kitas oft mit Toben gleichgesetzt. Bei Kindern, die drinnen nicht ruhig spielen wollen (oder können) heißt es: »Geht doch bitte raus! Draußen könnt ihr toben.« Bei schlechtem Wetter müssen die Kinder ihren Bewegungsdrang dann allerdings beherrschen. Allein um die daraus entstehenden Konflikte zu vermeiden, erscheint es sinnvoll, den Kindern auch drinnen Räume für Bewegung zur Verfügung zu stellen.

In Hamburg machen wir die Beobachtung, dass Bewegungsräume Konflikte tatsächlich reduzieren, selbst dann, wenn die Kinder nicht jederzeit Zugang zu ihnen haben. Am deutlichsten ist der Rückgang von Konflikten festzustellen, wenn der Bewegungsraum für die Kinder während ihres Aufenthalts in der Kita jederzeit offen ist. Auch die Konsequenzen für die anderen Räume sind bemerkenswert. Die Einrichtung von Bewegungsräumen, die jederzeit genutzt werden können, führt dazu, dass in den anderen Räumen nicht getobt wird und sie ihrer Bestimmung gemäß als Atelier, Rollenspielraum usw. genutzt werden.

Traditionell schränken viele Erziehungsmethoden die Bewegungsmöglichkeiten der Kinder ein. Dazu gehören feste Schlafenszeiten ebenso wie das mit der Sauberkeitsdressur verbundene Sitzen auf dem Topf und erwachsenenzentrierte Rituale beim Essen. Bei Anordnungen wie »Sitz still!« oder »Sitz gerade!« wird großer Wert auf die Regulierung der Körperbewegungen der Kinder gelegt.

Obwohl viele Erzieher/innen diese Erziehungsmethoden nicht mehr anwenden, können sich Kinder heute oft zu wenig bewegen. Zu kleine Wohnungen, zu viel Verkehr auf den Straßen, zu wenig Kinderspielflächen und zu viel Medienkonsum schränken die Bewegungsmöglichkeiten der Kinder stark ein. Ärzte machen immer wieder auf die steigende Zahl der Erkrankungen aufmerksam, die durch den Mangel an Bewegung entstehen. Darauf müssen Kinderbetreuungseinrichtungen reagieren. Sie können sich dabei am Situationsansatz orientieren, der die gesellschaftlichen Bedingungen berücksichtigt, unter denen Kinder aufwachsen.

Konkret auf den Kindergartenalltag bezogen, beschäftigen sich Gerhard Regel und Axel Jan Wieland seit den 80er Jahren mit der psychomotorischen Entwicklungsförderung. Sie haben eine Reihe von Arbeitshilfen für Psychomotorik im Kindergarten vorgelegt, die den Vorzug haben, mit Erzieher/innen für Erzieher/innen entwickelt worden zu sein[1]. Das von ihnen entwickelte Konzept des offenen Kindergartens berücksichtigt, anknüpfend an den Situationsansatz, die veränderten gesellschaftlichen Bedingungen, unter denen Kinder aufwachsen und macht praktische Vorschläge zur Bewegungsförderung auf der Grundlage der Psychomotorik:[2]

An erster Stelle stehen Überlegungen zur Freizügigkeit der Kinder in der Kita, denn mit der Bewegungsfreiheit der Kinder wird auch ihr Wunsch unterdrückt, ihre Umwelt zu erforschen. Ihre Motivation, unabhängig zu werden,

---

1 *Gerhard Regel, Axel Jan Wieland (Hrsg.): Psychomotorik im Kindergarten. E.B. Verlag Rissen, 1984*
*Gerhard Regel (Hrsg.): Psychomotorik im Kinderkarten II. E.B. Verlag Rissen, 1988*

2 *Gerhard Regel, Axel Jan Wieland (Hrsg.): Offener Kindergarten konkret. E.B. Verlag Rissen, 1993*

wird gehemmt. Wenn die Erwachsenen dem Kind ausreichend Gelegenheit zur freien Erkundung geben, belohnen sie seine Neugier und sein Unabhängigkeitsstreben. Es entwickelt Selbstvertrauen. Sich frei bewegen zu können bedeutet, neuen Situationen zu begegnen, neue Reaktionen zu erfahren, neue Handlungen auszuprobieren – kurz, es bedeutet eine Fülle von Gelegenheiten zu lernen.

## Kinder bauen sich ihre Bewegungsanlässe selbst

Unseres Erachtens hat der Sportpädagoge Klaus Miedzinski mit der Bewegungsbaustelle ein besonders anregendes Modell für die Kindertagesstättenarbeit entwickelt.[3]

Ein Vorzug der Bewegungsbaustelle ist, dass viele ihrer Bestandteile einfach, relativ leicht zu besorgen und kostengünstig sind. Es handelt sich um Bretter, Vierkanthölzer, Rundhölzer und große Holzbausteine (Abschnitte vom Leimbinder). *Damit bauen Kinder sich ihre Bewegungsanlässe selbst:* Sie legen Bretter über Rundhölzer und bauen sich damit Wippen, oder sie legen Vierkanthölzer aneinander und erhalten auf diese Weise Balancierstege.

Mit diesen Materialien machen Kinder nicht nur Bewegungserfahrungen. Die Variationsmöglichkeiten der Bewegungsbaustelle regen auch zur Zusammenarbeit an: Schwere Bretter können besser gemeinsam getragen, viele Bausteine effektiver von mehreren Kindern aufgeschichtet werden.

Um raumgreifende Bauten zum Balancieren, Springen, Rutschen und Klettern errichten zu können, gibt es auf der Bewegungsbaustelle stapelbare Kästen, so genannte »Zauberkästen«. Sie sind mit runden und viereckigen Löchern sowie verschiedenen Schlitzen versehen, in die

3 *Klaus Miedzinski: Die Bewegungsbaustelle. verlag modernes lernen, 1998*

Bretter, Vierkanthölzer und Rundhölzer hineingesteckt werden. Mit Hilfe der Bretter usw. werden die Kästen miteinander verbunden, so dass selbst gebaute Bewegungslandschaften entstehen. Die Kästen können gestapelt oder umgedreht werden und man kann in sie hineinkriechen. Besonders originell sind die Gelegenheiten zum Federn und Springen. Klaus Miedzinski empfiehlt zu diesem Zweck, Schläuche von Auto- bzw. LKW-Reifen zu besorgen. Glanzlicht jeder Bewegungsbaustelle ist der Schlauch eines Traktorreifens!

Zu den wichtigsten Erkenntnissen der Psychomotorik für die Kita-Praxis gehört die Einsicht in die Bedeutung der Wahrnehmung. Die Integration der körperlichen Wahrnehmung mit den Fernsinnen bildet den Ausgangspunkt der menschlichen Erfahrung. Die Ausbalancierung dieser beiden Wahrnehmungsbereiche erfolgt über das Gleichgewichtsorgan. Der »Lust am Schaukeln, Schwingen, Schleudern und Gedrehtwerden liegt ein biologisches und psychologisches Grundbedürfnis zugrunde. Es ist das Verlangen nach vestibulären, also den Lage- und Gleichgewichtssinn im Innenohr stimulierenden, Bewegungsreizen. Sie sind gleichzeitig

wichtige Entwicklungsreize für die sich entfaltende Sensomotorik«.[4]
In der Kita Schuntersiedlung in Braunschweig wurde in Zusammenarbeit mit Klaus Miedzinski der große Bewegungsraum in drei Zonen eingeteilt: einen Bereich zum gefahrlosen Schwingen, einen Bereich zum Federn und Springen sowie einen Bereich zum Bauen mit den Zauberkästen.

Um auch beim Schaukeln, Schwingen, Pendeln und Rotieren das Prinzip des »selbständigen Bauens von Bewegungsanlässen« zum Tragen kommen zu lassen, greift Miedzinski auf technische Hilfsmittel aus anderen Bereichen (Feuerwehr, Bergsteigen, Segeln) zurück. Karabinerhaken, Drehwirbel und Gurte werden mit Brettern oder Schläuchen kombiniert. Sie ergeben eine Vielzahl von ungewöhnlichen Schaukelgelegenheiten, für deren Herstellung die Kinder in der Regel jedoch die Unterstützung von Erwachsenen brauchen, die vor allem die Sicherheit prüfen müssen. Wichtig ist, dass die Kinder Wünsche äußern und sich am Aufbau beteiligen können.

In Zusammenarbeit mit anderen Tüftlern hat Miedzinski Bauteile einer Halbtechnologie entwickelt, zum Beispiel Drehscheiben, deren Einsatz die Bewegungsbaustelle auch für Hortkinder interessant macht.[5]

---

4 *Ernst J. Kiphard: Die Bewegungsbaustelle geht neue Wege. In: Praxis der Psychomotorik, November 1996*
5 *Katalog Loquito. Zu bestellen bei: Hagedorn, Frongasse 11, 52388 Wissersheim*

## Bewegungsräume lassen sich überall einrichten

Weil Bewegung der Motor kindlicher Entwicklung ist, arbeitet man, wenn man Bewegungsräume einrichtet, mit der Lust der Kinder an der Bewegung. Deshalb lohnt es sich, der Gestaltung von Bewegungsräumen besondere Aufmerksamkeit zu schenken. Wenn Sie in der Kita einen großen Raum haben: Warum funktionieren Sie ihn nicht in einen Bewegungsraum um?

Am günstigsten ist ein zentraler Raum, der für die Kinder gut erreichbar ist. Nach unserer Erfahrung lässt sich jeder Gruppenraum, erst recht jede (Eingangs-)Halle in einen Bewegungsraum verwandeln.

Aber auch in kleinen Räumen ist es für engagierte Erzieher/innen und Eltern mit handwerklichem Geschick, am besten natürlich mit Hilfe eines Tischlers, möglich, den Kindern differenzierte Bewegungserfahrung zu bieten. Wenn dies ohne Unterstützung eines Fachmanns bewerkstelligt werden muss, ist es hilfreich, zuerst Modelle, zum Beispiel aus Pappe, zu bauen.

*Bewegungsräume sind weder Tobe- noch Turnräume.* Sie sind Räume für ganzheitliche Erfahrungen.

Unsere Beispiele zeigen Einbauten, die wenig Grundfläche einnehmen. Wichtig ist ihre Anordnung zueinander und zur freien Fläche. Sie stehen nicht wie Turngeräte nebeneinander, sondern sind Bestandteile eines Weges durch den Raum. Über eine felsartig gestaltete Kletterwand gelangt man auf ein Podest, vom Podest über eine Stiege in eine Grube oder über eine Sprossenleiter in einen Turm, vom Turm in ein Kletternetz, das waagerecht in einen Rahmen gespannt ist. Man kann sich in dieses Netz fallen lassen. Man kann aber auch über den wackligen

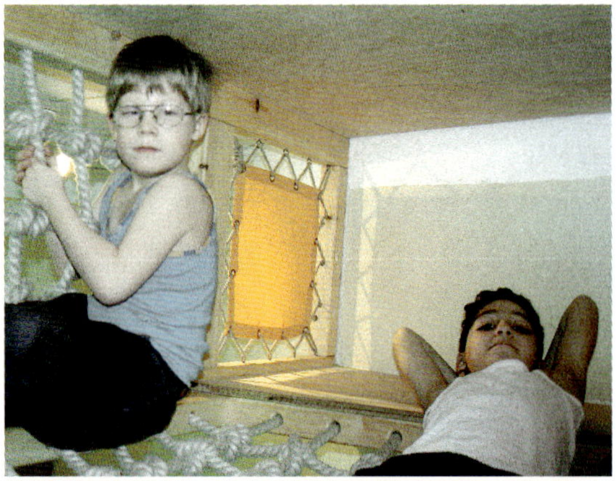

Untergrund in ein kleines Versteck gelangen, aus dem man herausschauen kann, ohne selbst gesehen zu werden. In diesen Räumen können Kinder jederzeit in ihren Bewegungen innehalten. Es gibt vielfältige Gelegenheiten zum Rückzug und zum stillen Beobachten.

Die Einbauten ermöglichen einfache Bewegungen für jüngere und kompliziertere Bewegungsabläufe für ältere Kinder. Die Kombination von Bewegungsanreizen, Rückzugsmöglichkeiten und unterschiedlichen Materialerfahrungen befriedigt unterschiedlichste Bedürfnisse der Kinder.

Unsere Bewegungsräume werden zu Erfahrungsräumen, weil wir in der Raumgestaltung berücksichtigen, dass Kinder sich nicht nur bewegen, sondern dabei Rollen spielen und Ge-

schichten erfinden. Die Kinder sollen den Räumen im Raum jeweils eigene Bedeutungen geben können. Deshalb setzen wir naturalistische Elemente, wie die Kletterwand, nur sparsam ein. Höhlen, Plattformen, Schächte, Ausgucke und die Verbindungen dazwischen, wie Brücken oder Tauwerk, legen die Kinder nicht fest. Zusammen mit den unterschiedlichsten Materialien regen sie die Wahrnehmung und Fantasie der Kinder an.

Da gibt es zum Beispiel einen Kokosfender. Er ist rau, rund und schwer, stammt aus der Segelschifffahrt und man kann darauf ganz wunderbar schwingen. In den Holzboden ist eine Platte aus kühlem und glattem Metall eingelassen. Die Treppe besteht nicht aus Stufen, sondern aus Wellen. Sie sind mit Teppichboden überzogen. Das dient der Sicherheit und fühlt sich ganz anders an als Holz.

Die Anregung, die von den Materialien für die Sinne ausgeht, erhalten die Kinder, indem sie sich bewegen. Kokos, Metall, Teppichboden und Holz sind nicht nur Bestandteile einer »Tastwand«. Ihre Wahrnehmung ist integriert in Bewegungsabläufe.

Bewegungsräume geben den Kindern die Gelegenheit, Raum und Materialien mit ihrem ganzen Körper zu erfahren. Deshalb sollten sie ihre Schuhe und Strümpfe ausziehen dürfen. Kinder lieben es, barfuß zu laufen. Sie können die belebende Wirkung noch richtig genießen. Es ist nicht nur gesünder; wir haben die Erfahrung gemacht, dass es auch sicherer ist, wenn die Kinder sich ohne Hausschuhe und ohne »Rutschesocken« bewegen.

Fragen der Sicherheit spielen bei der Einrichtung von Bewegungsräumen eine wichtige Rolle. Die Angst vor Unfällen darf jedoch nicht dazu führen, dass das Bewegungsbedürfnis von Kindern eingeschränkt wird. Eine Untersuchung im Auftrag der gesetzlichen Unfallversicherung in Kindergärten in Frankfurt am Main hat ergeben, dass das eigentliche Unfallrisiko in der fehlenden motorischen Geschicklichkeit

der Kinder besteht.[6] Angebote zur Bewegungsförderung steigern nicht nur die körperliche Leistungsfähigkeit. Sie lassen auch die Unfallzahlen sinken.

Wenn wir den Mut zum kleinen Risiko haben, beugen wir damit größeren Unfällen vor. Die Unfallverhütungsvorschriften besagen ganz allgemein, dass die Risiken bei der Benutzung von Spielgeräten kalkulierbar sein müssen. Deshalb ist es wichtig, die Kinder bei ihrem Umgang mit den Materialien zu beobachten, sie auf Gefahren aufmerksam zu machen und sie, wenn nötig, in die Handhabung der Dinge einzuführen. Es ist unerlässlich, die Sicherheit stark beanspruchter Teile wie Balken, Haken usw. regelmäßig zu überprüfen, Kaputtgegangenes zu entfernen und eventuell zu reparieren.

Die Einrichtung von Bewegungsräumen ist auch deshalb nicht ganz einfach, weil viele Erzieher/innen sich nicht vorstellen können, sich selbst gerne in solchen Räumen aufzuhalten. Sie wissen, dass Räume, in denen Kinder sich bewegen, laut sind. Wir können nur bestätigen, dass, je nach Beschaffenheit des Raumes, die Lautstärke fast unerträglich sein kann. Deshalb müssen in solchen Fällen Schallschutzmaßnahmen ergriffen werden. Am wichtigsten ist eine

6 *Torsten Kunz: Weniger Unfälle durch Bewegung. Verlag Karl Hofmann, 1993*

Schallschutzdecke. Aber auch die Wände sollten mit einem schallabsorbierenden Anstrich (Sajade) oder mit Schallschutzplatten versehen werden. Im Gegensatz zu den üblichen – weil pflegeleichten – Linoleum- oder PVC-Böden schlucken Teppichböden den Schall besonders gut und tragen zu einer Raumatmosphäre bei, in der sich auch Erwachsene wohl fühlen.

Die herkömmlichen, glatten Böden sind in Bewegungsräumen nur eingeschränkt pflegeleichter und haltbarer. Nach unseren Erfahrungen werden sie durch die Materialien so strapaziert, dass sie ebenso wie Teppichböden nach einer gewissen Zeit ausgewechselt werden müssen. Eine weitere Alternative sind Korkfußböden, mit denen wir erste gute Erfahrungen gemacht haben.
Das Licht trägt entscheidend zu einer angenehmen Atmosphäre bei. Je mehr Tageslicht der Bewegungsraum bekommt, desto belebender wirkt er. Um die Funktion des Raumes zu unterstützen, muss auch die künstliche Beleuchtung hell sein. Die Suche nach Alternativen zur herkömmlichen Grundbeleuchtung durch so genannte Decken Raster Leuchten ist nicht ganz einfach, aber es gibt auch für Bewegungsräume geeignete Lichtkörper, die indirektes Licht geben. Sie können von der Decke abgehängt oder an den Wänden angebracht und müssen nicht unbedingt in die Decke eingelassen werden. Wir halten nichts von der Forde-

rung, dass Beleuchtungskörper in solchen Räumen »ballsicher« sein müssen.[7] Bälle haben nach unserer Ansicht in den Kita-Räumen nichts zu suchen. Als ausgesprochen raumgreifende Spiele gehören Ballspiele auf das Außengelände oder in die Sporthalle. Außerdem belegen in der Regel schon ganz wenige Kinder mit Ballspielen den Raum.

Eine Grundbeleuchtung, ob direkt oder indirekt, die nur schattenloses Licht erzeugt, sollte im Bewegungsraum durch schattenbildendes Licht ergänzt werden. Wir schlagen vor, Spots an den Stellen im Raum anzubringen, an denen sie nicht blenden. Ob auf der Bewegungsbaustelle oder bei anderen Aktivitäten im Bewegungsraum: Die Kinder brauchen Licht, das die Dinge plastisch erscheinen lässt und mit dessen Hilfe sie Distanzen sicher einschätzen können. Darüber hinaus halten wir es im Bewegungsraum für sinnvoll, einen Lichtschwerpunkt zu bilden. Er erleichtert die Orientierung und betont die Dreidimensionalität des Raumes.

Eine auf die Größe und die Lichtverhältnisse im Raum abgestimmte Wahl der Wandfarbe ist das nahe liegendste Gestaltungsmittel. Für Bewegungsräume scheinen uns Grüntöne geeignet. Grün harmoniert mit Naturmaterialien wie Brettern, Balkenkonstruktionen und Einbauten aus Holz, Tauwerk, Kokos und Kork. Mit der Komplementärfarbe Rot lassen sich farbliche Akzente bei den textilen Materialien setzen, zum Beispiel durch Tücher aus Baumwolle in gedämpften Rottönen, mit rötlichem Stoff bezogene Schaumstoffelemente oder rot-bunte Hängematten. Grün lässt sich aber auch gut mit einer der Farben kombinieren, aus denen es sich zusammensetzt, nämlich Gelb oder Blau.

Bevor der Bewegungsraum eröffnet wird, sollten die wichtigsten organisatorischen und inhaltlichen Fragen geklärt sein. Die Öffnungszeiten und die Zuständigkeiten der Erzieher/innen könnten zunächst einmal probeweise festgelegt und die Regeln gemeinsam mit den Kindern besprochen werden, um sie nach einer bestimmten Zeit zu überprüfen.

Um der Angst von Eltern vor den Verletzungsgefahren in Bewegungsräumen zu begegnen, sollten sie so ausführlich wie möglich informiert werden – schriftlich, mittels Fotodokumentationen und durch Aktionen im Bewegungsraum, an denen sie teilnehmen.

Auch bei den Mitarbeiter/innen im hauswirtschaftlichen Bereich muss häufig zunächst einmal um Verständnis für die Einrichtung eines Bewegungsraumes geworben werden. Bei diesem Thema hat es sich in Hamburg besonders gelohnt, wenn sich die Mitarbeiter/innen des hauswirtschaftlichen Bereichs und die Pädagogen Zeit genommen haben, um über die auftauchenden Fragen miteinander zu reden.

---

7 *Kerstin Siegmund: Räume: Gestalten mit Licht und Farben. In: Kinderzeit 2, 1995*

## Planungshilfen für Bewegungsräume

**1. Räumliches**

- Ein möglichst großer Raum, der gut zugänglich ist.
  Wichtig: Eine Gelegenheit zum Abstellen nicht benötigten Materials.

**2. Ausstattung**

2.1 Bewegungsbaustelle (Grundausstattung):

- Unterschiedlich lange Bretter (Länge 1 m bis 2,5 m; Breite 20 cm bis 28 cm;
  2 – 3 cm Stärke; ca. 20 Stück),
- Vierkanthölzer (Länge 1,20 m bis 1,80 m; 6 cm x 6 cm bis 10 cm x 10 cm; jeweils 4 Stück),
- 2 Halbrundhölzer (Länge ca. 1 m),
- verschiedene Holzbausteine (Abschnitte vom »Leimbinder«, z.B. Länge 40 cm; Breite 20 cm; Höhe 10 cm oder Länge 20 cm; Breite 10 cm; Höhe 10 cm; ca. 30-60 Stück),
- 3 stapelbare Holzkästen mit Aussparungen, so genannte »Zauberkästen«,
- Schläuche von Auto-, LKW- und Treckerreifen.

Ergänzende Materialien: Decken, Tücher, Schaumstoffelemente, große Styroporwürfel (mit Teppichboden verkleidet).

2.2 Gelegenheiten zum Schwingen (Grundausstattung):

- Aufhängungsmöglichkeiten in der Decke oder vom Tischler angefertigte Balkenkonstruktion, Deckenhaken, Drehwirbel, Karabinerhaken, Gurte, LKW-Reifenschläuche.

Ergänzende Materialien: Kokosfender, Taue, Strickleiter, Hängematte.

2.3 Gelegenheiten zum Hoch- und Runterklettern und Springen:

- Stufen, Treppen, Podeste, Sprossenleitern, Kletterwände, Kletternetze, Stiegen, »Treppenwellen«, Matten

2.4 Gelegenheiten zum Gleiten und Rollen:

- schiefe Ebenen.

2.5 Gelegenheiten zum Rückzug:
- Höhlen, Nischen, Gruben, »Schwalbennester«, stabile große Kartons, Zelte.

2.6 Gestaltung von Übergängen:
- Brücken, Tunnel, Löcher, waagerecht und senkrecht gespannte Kletternetze, Hangelseile.

**3. Akustik**
- Im Bewegungsraum ist es laut. Deshalb muss etwas für den Schallschutz getan werden. Eine Schallschutzdecke ist unbedingt notwendig. Die Wände sollten schallabsorbierend sein, zum Beispiel durch einen Sajade-Anstrich oder Schallschutzplatten. Ein effektiv schallschluckender Bodenbelag ist Teppichboden. Weiche Materialien wie Decken, Tücher, Schaumstoffelemente usw. tragen besonders gut zur Schalldämpfung bei. Die Oberflächen von Holzeinbauten sollten offenporig und nicht glatt lackiert sein, da alle glatten Flächen den Schall reflektieren.

**4. Beleuchtung**
- Bewegungsräume sollten nicht in dunklen Räumen eingerichtet werden. Sie brauchen möglichst viel Tageslicht und eine helle künstliche Grundbeleuchtung. Statt der herkömmlichen Decken-Raster-Leuchten besser helle indirekte Wandleuchten oder Deckenleuchten verwenden, die durch Spots ergänzt werden.

**5. Farbe**
- Für Bewegungsräume ist Grün als Farbe der Natur geeignet.

**6. Ästhetik**
- Kahle, laute, hässliche Räume können Kinder zum Toben animieren. Kinder brauchen jedoch keine Toberäume, sondern Räume, die sie zur Bewegung einladen. In diesen Räumen müssen störende Dröhn- und Halleffekte beseitigt werden. Sie sind gekennzeichnet durch kindgemäße Proportionen, ein aktivierendes, angenehm helles Licht, harmonische Farben und Materialien, die die Sinne anregen.

**7. Inhaltliches**
- Wünschenswert ist eine Auseinandersetzung mit dem Konzept der Psychomotorik und der Bewegungsbaustelle. Es sollte geklärt werden, was es bedeutet, zuständig zu sein für Aufsicht,

Aufräumen, Materialbeschaffung, Reparaturen, Beobachtungen, Angebote, Projekte und Dokumentationen.

**8. Organisatorisches**

- Über die Öffnungszeiten des Bewegungsraumes gibt es häufig Diskussionen. Am Besten ist er immer für alle geöffnet. Wenn das nicht möglich sein sollte, muss es für die Kinder eine nachvollziehbare Regelung geben. Die offene Arbeit in Funktionsräumen erfordert die Klärung der Zuständigkeit für Aufsicht, Aufräumen usw. Es funktioniert am Besten, wenn ein/e Erzieher/in schwerpunktmäßig für den Bewegungsraum zuständig ist und es eine klare Vertretungsregelung gibt. In Bewegungsräumen wird die Zahl der Kinder oft reguliert. Es funktioniert aber auch das Prinzip der Selbstregulierung – allerdings nur, wenn es attraktive alternative Funktionsräume gibt.

**9. Regeln**

- Die Regeln für den Bewegungsraum sollten mit den Kindern besprochen werden.

**10. Einbeziehung der Eltern**

- Eltern können durch schriftliche Informationen, aber auch durch gemeinsame Aktionen im Bewegungsraum und durch die Dokumentation der Aktivitäten der Kinder einbezogen werden.

**11. Absprachen zwischen den Mitarbeiterinnen im Hausbereich und den Pädagogen.**

**12. Verschiedenes**

- Sehr praktisch: Haken oder Körbe zum Ablegen von Kleidung. Aushang der wichtigsten Regeln – für Vorschulkinder durch Symbole.
  Eine Musikanlage muss nicht sein, ist aber sehr schön!

# Kita als Lernwerkstatt durch Ruheräume

Wir unterscheiden Rückzugsmöglichkeiten, Schlafräume und Ruheräume.

Rückzugsbereiche geben den Kindern die Möglichkeit, allein, zu zweit, ungestört und unbeobachtet ihren eigenen Interessen nachzugehen. Kinder müssen immer wieder die Balance herstellen können zwischen Ruhe und Bewegung, Geborgenheit und Freiheit. Sie suchen Rückendeckung in Ecken und Nischen. Dem wollen wir durch die Gestaltung der »Räume im Raum« Rechnung tragen. Rückzugsmöglichkeiten durch »Räume im Raum« vermitteln sowohl Geborgenheit als auch Offenheit. Sie sind klein und abgeschirmt, für die Kinder überschaubar und für die Erwachsenen nicht einsehbar – jedenfalls nicht auf den ersten Blick. Es handelt sich um »Schwalbennester«, Spielbereiche unter und auf Hochebenen oder selbst gebaute Höhlen, um Orte mitten im Geschehen, in die die Kinder sich zurückziehen, ihrem Rhythmus und den sie interessierenden Spielinhalten entsprechend. Solche Rückzugsmöglichkeiten sollte es im Bewegungsraum ebenso geben wie im Rollenspielbereich oder im Atelier.

Von dem Wunsch der Kinder, sich einerseits zurückzuziehen, andererseits aber durch die Räume im Raum in Sicht- und Hörkontakt mit anderen Kindern und Erwachsenen zu bleiben, unterscheiden wir das Ruhebedürfnis der Krippenkinder. Wenn Kinder im Krippenalter zur Ruhe kommen, brauchen sie in der Regel Schlaf. Ein Schlafraum für Krippenkinder unterscheidet sich nach unseren Vorstellungen deutlich

von einem Ruheraum für ältere Kinder. Allerdings ist es zu schade, einen ganzen Raum nur für ca. zwei Stunden Schlaf zu reservieren. Deshalb haben wir zusammen mit einigen Hamburger Krippen eine Schlaf- und Bewegungs-Spielpodestlandschaft entwickelt. Sie bietet den Kindern Schlafgelegenheiten auf unterschiedlichen Ebenen, die sie in der übrigen Zeit zum Hoch- und Runterkrabbeln, Treppensteigen, Springen, Verstecken und als Spiel- und Versammlungsfläche nutzen können.

Schon im dritten Lebensjahr wollen viele Kinder nicht mehr schlafen. Erst recht im Vorschulalter sind sie so voller Tatendrang, dass sie Entspannung eher in der Bewegung, beim Bauen oder Malen finden als in einem Ruheraum. Für Kinder in diesem Alter wäre der Ruheraum ein Ort, den sie nicht von sich aus, sondern in kleinen Gruppen, zusammen mit einer Erzieherin aufsuchen und in dem sie etwas Besonderes erleben. Hortkinder dagegen genießen es, einen ruhigen Raum zu haben, in den sie sich nach der Schule zurückziehen können, wenn sie es nicht vorziehen, sich zu bewegen. Der Ruheraum kann also sowohl von jüngeren als auch von älteren Kindern genutzt werden. Er hat nur für das jeweilige Entwicklungsalter eine andere Funktion, auf die wir zurückkommen werden.

Der Ruheraum ist der ruhige Pol in der Kindertagesstätte, ein Raum, der eine so angenehme Ausstrahlung hat, dass jeder, der ihn betritt, sich eingeladen fühlt, zur Ruhe zu kommen und sich zu entspannen. Ob ein Raum diese Funktion erfüllt, hängt nicht nur von seiner Ausstattung ab, sondern auch davon, ob es den Gegenpol, nämlich vielfältige Möglichkeiten zur Bewegung drinnen und draußen, gibt.

Auch wenn diese Bewegungsmöglichkeiten vorhanden sind, kann nicht die Rede von einer quasi automatischen Wirkung des Ruheraumes auf seine Nutzer sein. Natürlich ist es immer möglich, sich über die Wirkung eines Raumes hinwegzusetzen. Das trifft in vielen Kitas in den Ruheräumen zu. Jüngere Kinder wissen häufig mit dem Raum und seinem ihm zugedachten Zweck nichts anzufangen, wenn sie im Ruheraum sich selbst überlassen bleiben. Erzieher/-innen sollten daher den Ruheraum mit den jüngeren Kindern nur gemeinsam aufsuchen. Ganz anders sind die Erfahrungen mit Hortkindern, vor allem den älteren. Sie nutzen den eigens dazu geschaffenen Raum, um sich in Ruhe zu erholen. Kinder in diesem Alter haben offensichtlich ein größeres Verhaltensrepertoire, das auch einige eher erwachsenentypische Verhaltensweisen einschließt. Wenn sie wählen können, entscheiden sie bewusster zwischen Aktivitäten, bei denen sie sich durch Bewegung entspannen und ruhigen Tätigkeiten wie Klönen, Lesen, Kassetten bzw. CDs hören oder Gameboy spielen. Den älteren Kindern kommt das Angebot, Ruhe zu finden, nicht nur entgegen, sie wissen in dieser Situation – auch ohne Erwachsene – etwas mit sich anzufangen.

Die Dinge, mit denen sich Kinder still beschäftigen, werden seit langem von der Spielwarenindustrie und in zunehmenden Maße von den Medien beeinflusst. Das sollten die Erwachsenen auf keinen Fall ignorieren und sich auch für die wechselnden Moden interessieren. Bei vielen dieser Spiele werden jedoch einseitig der Gebrauch der Fernsinne, insbesondere des visuellen Sinns, feinmotorische Handgeschicklichkeit und rational-logisches Denken betont. Es fehlen die sinnlich-emotionalen Erlebnismöglichkeiten. Die sollte die Kindertagesstätte den Kindern bieten.

Neben der bedeutsamen Rolle, die die im vorangegangenen Kapitel geschilderten Angebote zur Bewegung für die kindliche Entwicklung spielen, ist vor allem die taktile Wahrnehmungsverarbeitung, also die Verarbeitung von Berührungen, wichtig. Ebenso wie in den vorherigen gehen wir auch in den folgenden Kapiteln immer wieder auf die vielfältigen Möglichkeiten der Kita ein, die Tastwahrnehmung der Kinder zu fördern. Ein besonders leicht und alltäglich zu praktizierendes Angebot sind die Wasserspiele, die wir am Schluss des Buches schildern. An dieser Stelle möchten wir nur darauf hinweisen, dass es nicht nur Gelegenheiten zum Planschen im Waschraum geben sollte, sondern dass sich die Erzieher/innen auch Zeit nehmen können sollten, um die Kinder anschließend abzutrocknen, zu frottieren und einzucremen.

Für den Ruheraum könnte eine Erzieherin verantwortlich sein, die sich für die zentrale Rolle interessiert, die die Befriedigung des Bedürfnisses nach angenehmer Berührung für die kognitive, emotionale und soziale Entwicklung des Kindes spielt. Die Haut ist unser größtes Sinnesorgan. Neun Monate lang wird die Haut des Ungeborenen im Mutterleib stimuliert. Das Kind gewinnt eine Fülle von Informationen über die Haut. Es verbinden sich damit Gefühle.

Sie wirken sich auf das Gehirn aus und werden als Erfahrung gespeichert. Nach der Geburt wird der Körper des Kindes »eingepackt«. In der Regel sind nur noch das Gesicht und die Hände frei. Das führt zu einer Reizverarmung des größten Teils der Haut und zu einer Reizüberflutung des restlichen Teils. Haut und Gehirn sind eng miteinander verbunden. Katharina Zimmer hat in drei schön bebilderten Bänden diese sonst eher schwer verständlich dargebotenen neurobiologischen und entwicklungspsychologischen Zusammenhänge allgemein verständlich dargestellt.[1]

Im Mittelpunkt der Angebote einer Erzieherin oder eines Erziehers im Ruheraum könnten alle möglichen Anregungen des Tastsinns der Kinder, insbesondere Massagen, stehen. Darüber hinaus sollten den Kindern differenzierte Hör- und Geruchserlebnisse vermittelt werden.

Zu starke visuelle Reize, wie sie der Snoezelen-Raum vorsieht, würden wir aus dem Ruheraum verbannen. Obwohl Snoezelen-Räume für die Arbeit mit schwer geistig behinderten Erwachsenen entwickelt wurden,[2] haben sich einige Kitas bei der Einrichtung von Ruheräumen an diesem Konzept orientiert. Angesichts der täglichen visuellen Reizüberflutung lehnen wir aber eine »Wasserblasensäule« oder eine »Faseroptik« im Ruheraum ab. Die Therapie sieht auch Reize durch ein Wasserbett vor. Wir plädieren demgegenüber dafür, nichtbehinderte Kinder nicht »mechanisch« stimulieren zu lassen, sondern sich den Kindern einzeln zuzuwenden und ihnen auch zu zeigen, wie sie sich gegenseitig gut tun können. Die beruhigende Wirkung des Wasserbetts soll sich vor allem durch die Anregung des Gleichgewichtssinns einstellen, da das Geschaukeltwerden im Mutterleib eines der frühesten angenehmen Gefühle auslöst.

Einige Kitas, denen ein Wasserbett zu kostspielig ist, bieten den Kindern Hängematten im Ruheraum an. Wir raten davon ab, weil sich die Hängematten nicht nur zum sanften Schaukeln, sondern auch zum raumgreifenden Schwingen nutzen lassen. Über diese Möglichkeit sollten die Kinder unbedingt verfügen, nicht nur auf dem Außengelände, sondern auch drinnen, am Besten in einem Bewegungsraum. Wenn das nicht geht, könnte die Hängematte oder ein anderes Gerät zum Schwingen zum Beispiel in einer Flurecke untergebracht werden, statt sie im Ruheraum aufzuhängen und dann die Regel aufzustellen: Im Ruheraum wird nicht getobt!

Ein Ruheraum sollte nicht mit Einrichtungsgegenständen ausgestattet sein, die zur ausgelas-

1 *Katharina Zimmer: Das Leben vor dem Leben. Band I. 1984; Das wichtigste Jahr. Band 2. 1987; Schritte ins Leben. Band 3. 1991 Kösel Verlag, München*

2 *Jan Hulsegge/Ad Verheul: Snoezelen – eine andere Welt. Hrsg.: Bundesvereinigung Lebenshilfe für Menschen mit Geistiger Behinderung e.V., Lebenshilfe-Verlag, Marburg/Lahn 2000*

senen Bewegung animieren, so dass auf entsprechende Regeln verzichtet werden kann. Er soll die Kinder durch angenehmes Licht, harmonische Farben und weiche Gegenstände wie Polster, Kissen und Felle zum entspannten Sitzen und Liegen einladen und Materialien bereitstellen, die die Sinne anregen.

Wenn er nicht nur von jüngeren, sondern auch von älteren Kindern genutzt wird, sollten die Hortkinder dort Dinge vorfinden, mit denen sie sich gerne still beschäftigen, zum Beispiel Bücher oder Kassetten bzw. CDs. Darunter kann die eine oder andere Kassette mit Musik zum Entspannen, auch mit klassischer Musik sein, die zuerst von einer Erzieherin oder einem Erzieher mit den Kindern zusammen gehört werden müsste, damit die Kinder später eventuell darauf zurückgreifen, wenn sie allein im Ruheraum sind.

Gute Erfahrungen haben wir mit einschlägigen Büchern gemacht, zum Beispiel einem Yoga-Band. Mit Hilfe der Zeichnungen konnten die Kinder einfache Haltungen auch selbstständig üben. Ebenso wie bei ungewöhnlichen Kassetten und Büchern muss beim Umgang mit Materialien, die die Sinne anregen, der Impuls von einer Erzieherin oder einem Erzieher ausgehen. Die Erwachsenen sollten den Kindern zeigen, wie man jemandem mit einem Igelball den Rücken massiert oder mit einem Holzkugelroller sanft über den Körper fährt.
Die Liste der Materialien, die gemeinsam mit

den Kindern ausprobiert werden können, ist lang. Besonders attraktiv sind Klangschalen und Rhythmusinstrumente, die zarte Töne von sich geben, Duftbeutel, Kaleidoskope, Federn, Sandsäckchen, verschiedene Geräte zum Massieren und Schüsseln mit getrockneten Hülsenfrüchten, die man wunderbar durch die Finger gleiten lassen kann. Hier handelt es sich zwar um Lebensmittel, aber ihre Verwendung lässt sich begründen mit der beruhigenden Wirkung und den äußerst angenehmen unterschiedlichen Tastempfindungen, die Linsen, Bohnen und Erbsen vermitteln. In größeren Mengen gesammelte Kastanien kann man in Wannen oder aufblasbare Schwimmbecken füllen, in die die Kinder sich legen können.

Die harmonische Atmosphäre des Ruheraumes wird unterstrichen durch eine sorgfältige Präsentation der Materialien. Körbe und ein Regal mit Fächern zur Aufbewahrung lassen die einzelnen Dinge zur Geltung kommen und erleichtern das Aufräumen. Für bestimmte Materialien, wie die Schüsseln mit Hülsenfrüchten, sollte es einen kleinen, verschließbaren Schrank geben. Bei anderen Naturmaterialien, etwa einer Sammlung schöner Steine, bietet es sich an, sie mit den Kindern gemeinsam anzulegen. Nur wenn eine Sammlung gepflegt wird, bleibt sie reizvoll. Die eigene Sammeltätigkeit führt in der Regel dazu, dass die Kinder sich auch für den Zustand der Sammlung zuständig fühlen. Die Identifikation der Kinder mit dem Raum kann dadurch gefördert werden, dass die Erzieher/ -innen Materialien dafür zusammen mit den Kindern sammeln und einkaufen.

Damit sich der Raum so positiv wie möglich auf die Kinder auswirkt, sollten die Eltern entweder schon in seine Planung einbezogen oder um Unterstützung beim Sammeln von Materialien gebeten werden. Vielleicht lassen sich Eltern mit entsprechenden beruflichen Fähigkeiten oder privatem Interesse an Yoga und anderen Entspannungstechniken für ein Angebot an eine kleine Gruppe von Kindern gewinnen. Die nötigen Informationen bekommt man mit Hilfe eines kurzen Fragebogens über die Berufe bzw. Ausbildungen und Hobbys der Eltern. Auf jeden Fall sollten sie im Rahmen eines Elternnachmittags oder -abends mit dem Raum bekannt gemacht werden. Das ist gut in kleinen Gruppen möglich, ohne dass sich die Eltern durch die Situation genötigt fühlen dürfen, etwas mitzumachen, woran sie sich nicht beteiligen möchten.

Ob für jüngere oder ältere Kinder, in jedem Fall ist der Ruheraum ein Raum für eine kleinere Gruppe von Kindern. Er sollte nicht besonders groß sein und in der ruhigsten Zone des Hauses liegen.

Wir konnten in einer kommunalen Kita in Hamburg einen Ruheraum so einrichten: In den 15 Quadratmeter großen Raum wurde eine zweistufige Podestlandschaft eingebaut. Sie füllt

den größten Teil des Raumes aus. Nur der Eingangsbereich und je eine Mulde in der linken und rechten Ecke des Raumes sind ausgespart. Die geschwungene Form der Stufe, die zum Podest hinauf führt, wenn man den Raum betritt, wird bei den Mulden wieder aufgenommen. In die eine Mulde führt auch eine Stufe hinunter,

während man in die andere ohne Stufe gelangt. So können sich die Kinder sowohl auf dem teppichbezogenen Podest als auch in den Vertiefungen niederlassen, die mit Schaffellen ausgelegt sind. Der Raum ist sonst nur mit großen und kleinen Kissen »möbliert«.

Gerade dann, wenn der Fußboden so gestaltet ist, dass er die Kinder zum Sitzen, Liegen und Entspannen animiert, wirkt der Raum, von unten betrachtet, sehr hoch. Deshalb wurde in einem Teil des Raumes die Höhe reduziert. Eine breite Stoffbahn, die unterhalb der Decke von einer Wand schräg nach unten verläuft, bildet eine Art Zeltdach. In diesen Raum im Raum können sich die Kinder ebenso hineinkuscheln wie in die Mulden. Außerdem hat die Stofffülle die beabsichtigte schallschluckende Wirkung. Stoffrollos aus Nessel lassen – statt Gardinen an den Fenstern – das Licht durch und vergolden den Raum, wenn die Sonne hineinscheint. Die sonnengelbe Wandfarbe soll den kleinen Raum optisch weiten. Ihr warmer Ton ist komplementär zum Grün des Teppichbodens, mit dem das Holzpodest – bis auf die Eingangsstufe – ausgelegt ist.

Eine Mulde lädt durch die Stufe zur Versammlung einer kleinen Gruppe ein, die andere ist so lang, dass sich ein oder zwei größere Kinder gut darin ausstrecken können. Der Raum wird durch Wandlampen und eine Tischlampe beleuchtet. Es gibt zwei Borde, eines für Bücher, das andere mit zum Teil verspiegelten Fächern für Materialien, die die Sinne anregen.

Die Hortkinder wurden gefragt, was ihnen in diesem Ruheraum noch fehle. Sie wünschten sich eine Möglichkeit, den Raum zu verdunkeln.

Der Vorschlag, einen Ruheraum einzurichten, trifft in der Regel auf großes Interesse, löst oft sogar Begeisterung aus. Mit einer kleinen Gruppe von Kindern etwas in aller Ruhe machen zu können – das ist für die meisten Erzieher/innen eine attraktive Vorstellung. Wir haben die Erfahrung gemacht, dass es allerdings nicht so einfach ist, aus der Hektik des Alltags herauszufin den und in einem solchen Raum auch wirklich zur Ruhe zu kommen.

Das größte Hindernis für die Kleingruppenarbeit besteht jedoch darin, dass zu wenige Erzieher/innen zu viele Kinder betreuen müssen. In Hamburger Kindertagesstätten ist zum Beispiel eine Erzieherin für die Betreuung von 22 Schulkindern im Alter von sechs bis 14 Jahren vorgesehen. In großen Kitas mit vielen Kindern ist den ganzen Tag lang so viel los, dass auf der einen Seite ein starkes Bedürfnis nach Entspannung besteht, auf der anderen Seite aber die besondere Schwierigkeit vorhanden ist, diesem Bedürfnis Rechnung zu tragen.

Weitere Literatur zum Thema:

– Ashley Montagu: Körperkontakt. Klett-Cotta Verlag, Stuttgart 1987
– Jean Ayres: Bausteine kindlicher Entwicklung. Springer Verlag Berlin, Heidelberg, New York, Toronto 1984

## Planungshilfen für Ruheräume

**1. Räumliches**

- Ein kleiner Raum dort, wo in der Kita am wenigsten Trubel ist.

**2. Ausstattung**

- Teppichboden
- Polster, Kissen, Decken, Schaffelle
- Regal mit ausgewählten Materialien für die Sinne, vor allem zum Fühlen, Hören und Riechen
- Kleine Sammlungen von »Schätzen«, eventuell in einer Vitrine
- Für Hortkinder: Bücher, Kassetten und CDs

**3. Akustik**

- Der Raum wird mit weichen, also schallschluckenden Materialien ausgestattet, d.h. Teppichboden, Gardinen, Polstern usw. Eine Schallschutzdecke kann nicht schaden, ist aber nicht vordringlich.

**4. Beleuchtung**

- Stimmungsvolle Beleuchtung ist selbstverständlich. Je nach den räumlichen Verhältnissen können Lichterketten, Wand-, Steh- oder Tischlampen das erwünschte gedämpfte Licht erzeugen.

**5. Farbe**

- Bei der Gestaltung des Ruheraums wird einmal mehr deutlich, welche Bedeutung die zum Raum und seiner Funktion passende Wahl der Farben hat, und wie wichtig es ist, dass die Wände, der Fußbodenbelag, die Gardinen und andere Materialien farblich miteinander harmonieren. Dabei kann man sowohl durch Ton-in-Ton-Farben als auch durch Komplementär-Farben eine harmonische Wirkung erzielen. Um eine gute Wahl zu treffen, sollte man sich intensiv mit den Farbkombinationen, die in der Natur vorkommen, beschäftigen.

**6. Ästhetik**

- Wenn man einen Raum so gestaltet, dass er zu Ruhe und Entspannung einlädt, macht er einen ästhetischen Eindruck – und umgekehrt: Wenn die Raumgestaltung nicht die Sinne anspricht, wirkt er auch nicht beruhigend und entspannend.

**7. Inhaltliches**

- Nur Erzieher/innen, die sich selbst auch »fallen lassen« können, werden den notwendigen Ruhepol im Ruheraum bilden. Sie sollten sich theoretisch mit der Entwicklung der Wahrnehmung auseinander setzen und praktisch gerne mit Materialien experimentieren, die die Sinne anregen. Sie könnten sich zum Beispiel für Entspannungstechniken, Fantasiereisen, Märchen oder Musik interessieren.

**8. Organisatorisches**

- Die Verantwortlichkeit einer Erzieherin oder eines Erziehers für die Materialbeschaffung und das Aufräumen muss ebenso geregelt werden wie die Zuständigkeit für Angebote und Beobachtungen im Ruheraum, für Projekte und Dokumentation.

**9. Regeln**

- Zu den sicher einleuchtenden Regeln für die Benutzung des Ruheraums gehört, dass er ohne Schuhe betreten wird und dass man darin weder isst noch trinkt. Die Regeln für einen pfleglichen Umgang mit den Materialien sollten mit den Kindern gemeinsam entwickelt werden.

**10. Einbeziehung der Eltern**

- Die Eltern sollte man möglichst schon in die Planung des Ruheraumes einbeziehen. Auf jeden Fall sollten sie den Ruheraum an einem Elternnachmittag oder -abend kennen lernen. Wenn sie über die mit der Einrichtung des Raumes verbundenen Absichten informiert sind, können sie die Bitte um Materialspenden gezielter erfüllen. Vielleicht bringen einige Eltern auch ungewöhnliche Dinge mit, an die die Pädagogen nicht gedacht haben.

**11. Absprache zwischen hauswirtschaftlichem Personal und Pädagogen**

- Während der Ruheraum eingerichtet wird, sollte geklärt werden, wer die regelmäßig anfallenden, zusätzlichen Reinigungsarbeiten des Teppichs, der Polster, Kissen usw. übernimmt.

# Kita als Lernwerkstatt durch Gelegenheit zum Rollenspiel

Wir verstehen unter Rollenspiel sowohl das spontane als auch das geplante Rollenspiel. Spontan spielen die Kinder ständig und überall »Als-Ob-Spiele«. In Rollenspielen vereinen sich die Lust der Kinder an der Bewegung mit sprachlichem Handeln, mit der Verarbeitung von Gefühlen, dem sozialen Austausch mit anderen Kindern, der Auseinandersetzung mit vorgefundenen Regeln sowie der Erfindung eigener Regeln.

Die Entwicklung verläuft vom einfachen zum komplexen Rollenspiel. Im einfachen Rollenspiel wiederholen die Kinder ihre Erfahrungen wie Schlafen und Essen, sie ahmen die Erwachsenen nach, indem sie Puppen oder Stofftiere schlafen legen und füttern, und sie übernehmen selbst verschiedene Rollen. Schließlich verbinden die Kinder ihre einzelnen Rollenspiele zu komplexen Handlungsabläufen, in denen sie Erlebtes nachspielen.

Auch wenn Kinder im Spiel ihre Erfahrungen in der Welt der Erwachsenen verarbeiten, reproduzieren sie die Wirklichkeit nicht einfach nur, sondern konstruieren sie auch – schaffen sich eine eigene Wirklichkeit. Sie entwickeln Fantasien, die ihre innere Welt mit der äußeren verbinden.[1] Sie geben den Dingen eine ganz persönliche Bedeutung. Im Spiel bestimmen die Kinder die Situation, sie sind ihr nicht ausgeliefert. Die Spielhandlung kann wiederholt werden. Rollenspiel bietet die Möglichkeit zum Probehandeln.

Der Situationsansatz plädiert für eine Hinwendung zur Alltagswelt der Kinder. Er regt die Erzieher/innen an, in ihrem Alltag mit den Kindern Anlässe zum Lernen aufzuspüren. Indem er betont, wie wichtig die Auseinandersetzung mit der Lebenswirklichkeit ist, bietet er einen Orientierungsrahmen für die Gestaltung des Rollenspielangebots. Der Situationsansatz bildet darüber hinaus die Grundlage dafür, Vorurteile und Stereotype, zum Beispiel geschlechtsspezifisches Verhalten bei kleinen Kindern, zu hinterfragen.

Für ihre Rollenspiele brauchen die Kinder Alltagsgegenstände und die Gelegenheit, Alltagssituationen nachzuahmen. Traditionell gibt es im Kindergarten deshalb Puppenecken. Dieses Angebot wird jedoch oft nur von Mädchen wahrgenommen. Seit einiger Zeit geht der Trend zur »Kinderwohnung«, die mit verkleinerten Nachbildungen von Erwachsenenmöbeln eingerichtet ist. Im Gegensatz zur Ecke mit Puppenmöbeln ist die Kinderwohnung ein Angebot an Kinder beiderlei Geschlechts. Es werden nicht nur Mädchen animiert, die Rolle der Puppenmutter zu übernehmen. Die Kinderwohnung soll einen allgemeineren Rahmen bieten, in dem sowohl Mädchen als auch Jungen ihre häuslichen Erfahrungen einbringen können.

Meist handelt es sich bei der Kinderwohnung jedoch um eine Wohnküche. Um eine komplette Wohnung zu erhalten, müssen die üblichen

1 *Gerd Schäfer: Bildungsprozesse im Kindesalter. Juventa Verlag, Weinheim und München 1995, S. 136*

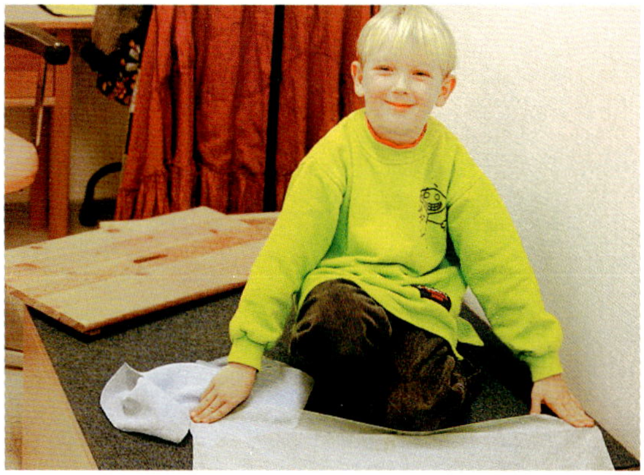

Küchen- und Wohnzimmermöbel zumindest noch durch ein Bett ergänzt werden. Ein solches Bett ist bei den Kindern so beliebt, dass wir den Kitas für ihre Rollenspielräume Doppelbetten empfehlen. Mit vier hohen Pfosten und einem Baldachin aus Stoff wird daraus ein Himmelbett, das einen eigenen Raum im Raum bildet, in den die Kinder sich zurückziehen können.

Üblicherweise wird die Kinderwohnung durch Regale oder sonstige Raumteiler von anderen Bereichen des Gruppenraums abgetrennt. Statt Trennwände zu kaufen, kann man sie aus Seitenteilen von Regalen selbst bauen. Man braucht nur zwei – oder mehr – Regalseitenteile mit Scharnieren zu verbinden und kann sie zum Beispiel als »Webrahmen« nutzen, die die Kinder selbst gestalten und verändern können. Dafür werden in regelmäßigen Abständen Schrauben mit Ösen in die Pfosten gedreht und Schnüre längs gespannt. Stabile und vielseitige Raumteiler sind auch Spielständer aus der Waldorfpädagogik, die – mit Tüchern überdeckt – als Wohnhöhlen ebenso dienen können wie als Schalter, Tresen oder Puppentheater. Mit Hilfe der Raumteiler sollen die Kinder ungestört in kleinen Gruppen spielen können.

Wolfgang Mahlke und Norbert Schwarte haben in ihrem wegweisenden »Arbeitsbuch zur

Raumgestaltung im Kindergarten« darauf aufmerksam gemacht, dass durch das übliche Raumteilverfahren zwar verschiedene Spielzonen, jedoch keine *Spielräume* entstehen. »Das charakteristische Merkmal des Raumteilverfahrens ist nicht die Gliederung des Raumes, sondern die Gliederung der Fläche zum Zwecke der Teilung von Kindergartengroßgruppen in Kleingruppen«.[2] Doch die Rückzugsmöglichkeiten der Kinder sind begrenzt. Sie können sich den Blicken der Erzieher/innen nicht entziehen. Im Gegenteil: Das übliche Raumteilverfahren ist so angelegt, dass eine Erzieherin die Kinder im Blick behalten kann. Hier spielt unter anderem die Aufsichtspflicht eine Rolle.

In vielen Kitas haben sich für das Rollenspielangebot im Gruppenraum in den letzten Jahren Spielhäuser immer stärker durchgesetzt. Sie erweitern die vorhandenen Quadratmeter und ermöglichen es den Kindern, von oben einen Blick auf das Gruppengeschehen zu werfen. Die Kindermöbel-Hersteller bieten sie in vielen Varianten an: mal als Haus mit Dachschindeln, mal als Burg mit Zinnen oder als Schiff. Sie geben thematisch etwas vor, was das Spiel der Kinder mehr als nötig festlegt. Außerdem sind solche zweiten Ebenen »von der Stange« problematisch, weil sie sich in der Regel nicht harmonisch in den Raum einfügen. Dadurch, dass sie überall hineinpassen sollen, wirken sie eigentlich immer wie ein Fremdkörper.

Nur durch ausgewogene Raumstrukturen aber können sich die Kinder auch im Raum geborgen fühlen. Wolfgang Mahlke und Norbert Schwarte betonen, dass der Raum als Einheit verstanden werden muss. Sie sprechen von einer »Grammatik der Raumgestaltung«. Spielebenen dürfen die Harmonie eines gut proportionierten Raumes nicht stören. Anderseits kann ein unausgewogener Raum, der zu hoch, zu groß oder

2 *Wolfgang Mahlke, Norbert Schwarte: Raum für Kinder. Beltz Verlag, Weinheim und Basel 1989, S. 38*

zu lang gestreckt ist, durch passende Einbauten ausgewogene Maße erhalten. Wenn diese Einbauten darüber hinaus noch ästhetischen Prinzipien wie Rhythmus, Maß und Ordnung folgen, wirkt sich diese Struktur (die »Grammatik«) des Raumes auf die Kinder aus. Sie können ihre Wahrnehmungen und Empfindungen besser integrieren und den Raum als stabile Basis nutzen, um eigene Spielideen zu verwirklichen.

Statt mit gekauften Spielhäusern den Raum lediglich zu erweitern, sehen wir (wie Wolfgang Mahlke) die beste Möglichkeit, einen Raum zu strukturieren, darin, zusammen mit einem Tischler Spielebenen aus Holz zu bauen. Bei der Planung sollten Sie sich zunächst darauf konzentrieren, dass Sie mit dem Einbau den Raum in verschiedene Räume im Raum gliedern können. Je nachdem, wo Sie die Spielebene platzieren, entstehen davor, dahinter und daneben weitere »Räume«. Dann muss der Aufstieg, also eine Treppe, Leiter oder Stiege, geplant werden.

Von den Unfallkassen wird häufig empfohlen, den Aufstieg an einer Wand entlang zu führen. Dieser Rat ist nicht sinnvoll. Vielmehr sollte die Möglichkeit genutzt werden, den Aufstieg als einen aufsteigenden Weg nach oben zu planen. Außerdem ist es sicherheitstechnisch ratsamer, den Aufstieg durch Zwischenpodeste zu unterteilen. Unter diesen Zwischenpodesten und unter der Treppe selbst können Höhlen oder Stauräume entstehen.

Sie sollten darauf achten, dass der Aufstieg da ist, wo er sich möglichst eng an die vorhandenen Verkehrswege anschließt. So vermeidet man, dass zusätzliche – raumraubende – Verkehrsfläche entsteht und entlastet die angrenzenden Spielflächen. Ein durch Zwischenpodeste unterteilter Aufstieg macht aus einer schuhkartonartigen zweiten Ebene eine kleine Podestlandschaft, die auch ästhetisch sehr viel ansprechender ist als eine lange Treppe.

Man kann auch verschiedene Aufstiege miteinander kombinieren. Bietet der Raum die

Möglichkeit, größere Einbauten vorzunehmen, ist es sinnvoll, zwei nahezu gleich große Flächen nebeneinander zu planen, die in der Mitte durch einen Aufstieg erschlossen werden. Sie sind sowohl gemeinsam als auch getrennt bespielbar, da jede Fläche erreicht werden kann, ohne auf der anderen zu stören.

Durch die Nutzung der Raumhöhe erhalten die Kinder Räume, die ihrer Körpergröße entsprechen. Auch in Räumen bis zur Höhe von 2,50 m lassen sich drei Ebenen schaffen, wenn man davon ausgeht, dass die Kinder nicht über all stehen müssen. Dann kann ein Rückzugsbereich, wie ein Schwalbennest, unter der Decke kleben. Besonders effektiv lässt sich in einigen Kitas durch »Schwalbennester« der Raum über Türen nutzen, da die mit den Türen verbundenen Verkehrszonen den Platz der Kinder zum Spielen oft erheblich einschränken.

Eine Ebene, auf der die Kinder stehen können, sollte die lichte Höhe von 1,35 Meter nicht unterschreiten. Bei einer Raumhöhe von 2,50 Meter bleibt für die andere Ebene noch ca. ein Meter Höhe. Bei der Entscheidung darüber, in

welcher Höhe Sie die zweite Spielebene einbauen, sollte die Fläche den Ausschlag geben. Ist sie klein, kann der untere Bereich niedrig sein. Bei größeren Flächen macht das keinen Sinn, da der ebenerdige Bereich mit einer Höhe von ca. einem Meter als Rückzugsbereich zu groß und zu schwer zugänglich ist.

Aus Sicherheitsgründen brauchen die Hochebenen eine so genannte Fallbegrenzung. Meistens sind das Geländer mit runden Stäben, die die Spielpodeste leicht wie Affenkäfige aussehen lassen. Wir verwenden unterschiedlich angeordnete Holzstäbe, vor allem bei Treppen und Zwischenpodesten, und bevorzugen für andere Geländer das Material Stoff, da es den Schall schluckt, viele Gestaltungsmöglichkeiten eröffnet und Abwechslung bringt. Die Kinder können sich durch eine solche Fallbegrenzung den Blicken der anderen entziehen. Durch die Stoffbespannung hindurch ist für sie aber von oben der Blick- und Hörkontakt jederzeit möglich.

Haben Sie genügend Platz, sollten Sie die Größen der Flächen unter Berücksichtigung der

vorgesehenen Spielmöglichkeiten planen. Haben Sie diese Wahl nicht, müssen die Spielgelegenheiten dort geplant werden, wo der Raum die nötige Fläche und Höhe hergibt. Die ideale Raumhöhe für Spielpodestlandschaften liegt zwischen 2,80 Meter und 3,40 Meter. In hohen Räumen sollten also keinesfalls die Decken abgehängt werden. Dafür vorgesehenes Geld ist wesentlich besser in vertikalen und horizontalen Raumgliederungen angelegt.

Wenn Sie nach dem Konzept der offenen Arbeit für das Rollenspiel einen eigenen Funktionsraum gestalten wollen, können Sie ihn durch den Einbau einer Spielpodestlandschaft optimal nutzen. Die Spielpodestlandschaft bietet sowohl Rückzugsmöglichkeiten als auch verschiedene Gelegenheiten zum Rollenspiel. Für Familienspiele sollte die mittlere Ebene nicht kleiner als zwei Meter mal drei Meter sein und eine Höhe von 1,35 Meter haben, also groß genug für bis zu vier Kinder – mit Platz für einen Spielherd, Tisch mit Sitzgelegenheiten und ein Bord für Geschirr. Als Schlafgelegenheit können die Kinder die dritte Spielebene, das »Schwalbennest«, nutzen. Da die obere Fläche begrenzt ist, hat eine Kinderwohnung unter dem Spielpodest, zu ebener Erde, den Vorteil, dass die Kinder sich in den Raum hinein ausbreiten und »anbauen« können. Deshalb wäre eine Hauswand mit Fenstern und Tür nur hinderlich. Vorhänge aus möglichst dickem (Theater-)Stoff, zum Beispiel aus rotem Samt, sind erheblich vielseitiger.

Die mittlere Etage ist ein guter Platz, um sich ein wenig zurückzuziehen, um innezuhalten und still zu beobachten. Man kann sie mit Büchern und Polstern ausstatten. Wichtig sind dann ein geeignetes Licht zum Lesen und ein Kasten, Regal oder Bord für die übersichtliche Aufbewahrung der Bücher. Das Spiel mit Figuren kann ebenfalls auf der mittleren Etage stattfinden, zum Beispiel mit improvisierten Hand- und Stabpuppen.

Der Bereich unter der Spielebene ist geeignet, wenn Sie den Kindern eine Bühne zur Verfügung stellen wollen. Das muss kein fest eingebautes Puppentheater sein. Um den unteren Bereich multifunktional zu nutzen, können Sie an zwei Pfosten Auflagen für einen Stab mit Vorhang anbringen, möglichst in verschiedenen Höhen, dann können die Kinder die Bühne an ihre Körpergröße anpassen.

In einigen Hamburger Kitas haben wir den Raum unter der Spielebene zum Verkleiden eingerichtet, weil die Kinder sich dort ungestört umziehen können. In der Regel ist er mit einem großen Spiegel, Ablageborden und Garderobenhaken zur übersichtlichen Aufbewahrung von Verkleidungssachen, mit einer Beleuchtung und einem Vorhang ausgestattet. Häufig gibt es in den Verkleidungsecken zwar viele Kleider, aber zu wenig Requisiten. Das führt zum einen zu Problemen mit dem Aufräumen, zum anderen fühlen sich die Jungen kaum angesprochen. Perücken, Hüte, Brillen, Polizeimützen, Feuerwehrhelme oder Faschingskostüme animieren auch Jungen dazu, sich zu verkleiden.

Tücher sind das einfachste Verkleidungsrequisit. Man kann sie kaufen oder auch selbst nähen und dann aus denselben Stoffen noch ein paar Röcke schneidern, ganz einfach mit einem Saum, durch den ein Gummiband gezogen wird.

Frisierspiele sind bei jeder neuen Kindergeneration wieder beliebt. Sie sollten einen festen Platz im Rollenspielraum haben. Wenn der Raum unter der Spielebene groß genug ist, können sowohl Verkleidungs- als auch Frisierspiele dort stattfinden, da die Kinder sich den anderen in der Regel in ihrer Verkleidung zeigen wollen und die Verkleidungsecke deshalb oft nur kurzzeitig nutzen. Für Frisierspiele brauchen die Kinder ebenfalls einen Spiegel – hervorragend wäre ein dreiteiliger, wie man ihn manchmal noch auf Trödelmärkten findet – und eine Konsole oder eine andere Ablagemöglichkeit für das nötige Zubehör. Der Spiegel mit den zwei beweglichen Flügeln ist so attraktiv, dass man ihn eigentlich selbst bauen müsste, wenn man ihn nirgendwo mehr finden kann.

In den Kitas in Reggio wird der Spiegel als Fenster bezeichnet, durch das man sich aus immer neuen Blickwinkeln heraus in eine Welt der vielen eigenen Bilder begeben kann.[3] Die meisten Kinder lieben es, sich zu schminken, und noch mehr, geschminkt zu werden. Deshalb sollte Schminke im Rollenspielbereich nicht fehlen. Sie muss aber den Jüngeren nicht zur Verfügung stehen. Ein Kind zu schminken ist eine wunderbare Gelegenheit, mit ihm in einen innigen Kontakt zu kommen. Für Schulkinder können in solch einem kleinen »Salon« ein paar ausgesuchte Schminksachen bereitliegen, zum Beispiel Stifte für die Lippen, die man – wegen der Hygiene – anspitzen kann und die nicht abbrechen.

Außer dem Verkleidungs- und Frisierspiegel gibt es im Rollenspielraum – und nicht nur da – noch viele andere Möglichkeiten, den Kindern

---

3 *Viele praktische Anregungen für die Benutzung von Spiegeln in der Arbeit mit Kindern enthält die Broschüre »Lo Specchio. Der Spiegel – von den Kindern erobert. Hrsg. von der Gemeinde Reggio Emilia, 1984. Fotokopien können Sie erhalten über den Verein Kinderkultur e.V., c/o Katja Buck, Am Stühberg 68, 21256 Handeloh*

das vergnügliche Spiel mit dem Spiegel anzubieten. Man kann ihn in der Kinderwohnung anbringen, unter den Spielebenen, für die Jüngsten in Bodennähe oder, ganz klein, an der Tür, neben der Klinke. Es macht Spaß, nach Stellen im Raum zu suchen, an denen Spiegel oder Spiegelkacheln unvermutet auftauchen.

Eine weitere Möglichkeit, die Spiele der Kinder durch eine vorbereitete Umgebung anzuregen, sind die Gelegenheiten zu Rollenspielen aus der Arbeitswelt. Je nach zur Verfügung stehendem Platz und Alter der Kinder können sie beweglich oder fest eingebaut sein. Ein Schalter, bestehend aus einer L-förmigen Theke und einem Aufbau aus Plexiglas, in eine Ecke des Raumes gebaut, ist bei Hortkindern sehr beliebt. Er lässt sich leicht verwandeln, vom Fundbüro bis zum Flughafenschalter, und ist gleichzeitig ein stets vorhandener Rückzugsbereich. Mobil ist ein halbhoher Kasten mit Einlegeboden, den jüngere Kinder nicht nur als Tante-Emma-Laden und als Postschalter, sondern auch als Möbelstück für die Wohnung benutzen.

Kinder im Vorschulalter funktionieren die Dinge gern um. In ihrer Fantasie verwandeln sie alle möglichen Objekte. Um Teile der Lebenswirklichkeit nachvollziehen zu können, brauchen sie jedoch auch Requisiten. Viele Rollenspielmaterialien stellen die Kinder mit Begeisterung selbst her, zum Teil mit Hilfe, zum Teil ohne die Hilfe der Erzieher/innen. Manche Gegenstände aus ihrem beruflichen Alltag würden die Eltern sicher gerne beisteuern. Was fehlt, muss dann von den Erzieherinnen besorgt werden. Auf diese Weise entsteht ein reicher Fundus, der von den Erwachsenen verwaltet werden muss. Ihre Aufgabe ist es, die Requisiten bereitzuhalten, den Spielverlauf zu beobachten und benötigte Informationen zu geben. Aus den Beobachtungen können dann Schlüsse gezogen werden, eventuell auf der Basis von Notizen, die zu einer an den Interessen und Fähigkeiten der Kinder orientierten Gestaltung des Rollenspielangebots führen.

Das Rollenspiel tritt zusammen mit der Sprache in Erscheinung. Indem Kinder sprechen, verständigen sie sich mit den Erwachsenen und mit anderen Kindern. Bei Kindern, die allein spielen, kann man allerdings beobachten, dass sie mit sich selbst sprechen, manchmal in einer Art Sprechgesang. Sie kommentieren das, was sie tun, sprechen mit fiktiven Partnern oder mit den Dingen, mit denen sie spielen. Es scheint eine ursprüngliche Lust der Kinder an der Sprache zu geben. Ebenso wie sie Rollen spielen, spielen Kinder mit der Sprache. Zum Beispiel lieben sie Reime. »Kinderreime verhelfen dem Kind zu einem selbständigen und freien Umgang mit der Sprache, indem sie zu Wortspielereien und fantastischen Vorstellungen einladen«.[4]

Im Kita-Alltag gibt es viele Gelegenheiten, bei denen die Kinder Anregungen zur Entwicklung ihrer sprachlichen Fähigkeiten erhalten können. Es wäre gut, wenn es dafür auch einen Ort gäbe. Dieser spezielle Platz könnte im Rollenspielraum sein. Am Besten wäre ein abgeschirmter Bereich mit einem Sessel oder Sofa für Erwachsene, damit die Erzieher/innen es sich dort bequem machen können, wenn sie mit den Kindern Bilderbücher betrachten, vorlesen oder Märchen erzählen.

Es ist wichtig, dass die Erzieher/innen in jedem Funktionsraum über ein Möbelstück verfügen, das erwachsenen Körpermaßen entspricht. Im Rollenspielraum bietet sich ein gemütliches Sofa dafür geradezu an. Wir kennen aber auch eine Kita, in der die Erzieherinnen sich einen gepolsterten Schaukelsessel ins Atelier gestellt haben. Der Sessel dient allerdings nicht nur den Erzieherinnen dazu, in Ruhe zu beobachten. Auch Kinder, vor allem neu in die Kita aufgenommene, ziehen sich dorthin zurück, um das Geschehen zu verfolgen und dadurch sicherer zu werden oder auch, um sich zu überlegen, was sie als nächstes tun möchten. Wenn Platzmangel herrscht, können sich die

4 *Gerd Schäfer: Bildungsprozesse im Kindesalter. Juventa Verlag, Weinheim und München, 1995, S. 272 f.*

Erzieher/innen zum Vorlesen natürlich auch in die Räume im Raum zurückziehen, die auf die Maße der Kinder zugeschnitten sind. Viele Erzieher/innen mögen das, manche aber auch nicht. Für sie wäre vielleicht ein multifunktionales flaches Podest das Richtige. Zusammen mit einem Vorhang bildet es einen Rückzugsbereich, in dem auch vorgelesen werden kann. Es lässt sich als Bühne und als Versammlungsort nutzen. Wir integrieren gern flache Podeste in die Spielpodestlandschaften. Podeste muss man nicht kaufen oder vom Tischler anfertigen lassen. Man kann sie improvisieren, indem man zum Beispiel Tischen die Beine absägt.

Eine Bühne im Rollenspielraum kann einen starken Anreiz bilden, die vielen Möglichkeiten des darstellenden Spiels – vom Stegreifspiel, über die Pantomime bis zum Maskenspiel – auszuprobieren. Ohne Erwachsene, mit ihrer eigenen Musik, nutzen Schulkinder eine Bühne gern zum Tanzen. Unter Anleitung einer Erzieherin, die sich mit darstellendem Spiel beschäftigt, können sie ihre sprachlichen, mimischen und gestischen Ausdrucksmittel erproben. Eine Bühne erleichtert die Verwirklichung der Spielvorhaben.

Um das Interesse der Schulkinder am Rollenspiel aufrecht zu erhalten, bieten sich technische Medien an. Wir finden es wichtig, dass Kinder nicht nur passiv Kassetten hören oder Videofilme sehen, sondern sich dieser Medien auch aktiv bedienen können. Gut ausgestattete Rollenspielräume und Erzieher/innen, die sich mit dem einen oder anderen Medium vertraut gemacht haben, ermöglichen es älteren Kindern, sich mittels Medien in einer altersentsprechenden Weise mit ihrer Lebenswirklichkeit auseinander zu setzen.

Ein wichtiges Medium, das sich sowohl aktiv als auch passiv nutzen lässt, ist die Musik. Mit einfachen Klang- und Rhythmusinstrumenten zu experimentieren und solche Musikinstrumente selbst herzustellen ist eine bewährte Möglichkeit, um die musikalischen Fähigkeiten der Kinder zu fördern. Und es ist eine der vielen Gelegenheiten, um die Arbeit im Rollenspielbereich und im Atelier bzw. Werkraum miteinander zu verbinden. Man kann mit Rollenspielutensilien, wie Kämmen, Löffeln, Eimern und Gemüsereiben Klänge erzeugen. Manche Gebrauchsgegenstände, wie Dosen, muss man nur ein wenig umfunktionieren. Saiteninstrumente lassen sich aus Holzabfällen und anderen Materialien im Werkraum herstellen.[5] Das Experimentieren mit solchen Instrumenten macht einfach Spaß. Darüber hinaus spielen Geräusche, Klänge und Rhythmen in vielen Formen des darstellenden Spiels eine so wichtige Rolle, dass sich die Beschäftigung damit wie von selbst ergibt.

5 *Bauanleitungen finden Sie bei Peter Thiesen: Drauflos – Spieltheater. Beltz Verlag, Weinheim und Basel, 1993*

Für viele Erzieher/innen gehört in den Rollenspielraum eine Gelegenheit zum Kochen und Backen. Wir finden, dass sich die Küchenzeile im Kinderrestaurant am besten nutzen lässt. Wenn es aber im Rollenspielbereich eine Koch- und Backgelegenheit geben soll, empfehlen wir, nicht eine Kinderküche, sondern eine Küchenzeile mit einer Arbeitsplatte in Erwachsenenhöhe einzubauen. Wir haben die Beobachtung gemacht, dass Kinder im Vorschulalter in der Regel nicht kochen, sondern solche Gerichte zubereiten, für die sie keinen Herd benötigen. Auch zum Backen haben sich die Kinderküchenherde nicht bewährt, da sie zu klein sind. Eine herkömmliche Küchenzeile ist funktionstüchtiger und kostet erheblich weniger. Sie schont außerdem den Rücken der Erzieher/innen. Die Kinder gelangen mit Hilfe eines schmalen Podests auf die Arbeitshöhe der Erwachsenen.

Wenn Sie sich keine Einbauten leisten können und in Gruppen arbeiten, gibt es eine Reihe von fantasievollen, kostengünstigen Möglichkeiten, den Kindern Rollenspiel- und Rückzugsräume zu eröffnen. Billig und vielseitig sind zum Beispiel Kartons. Sind sie groß und stabil genug, bilden sie hervorragende Rückzugsräume. Kleinere Kartons dienen als Puppenbett, Tisch, Herd oder Waschmaschine. Sie halten allerdings in der Regel nicht lange und für die Erzieher/innen ist es oft gar nicht so einfach, solche Sachen zu besorgen. Außerdem finden viele Erwachsene Kartons hässlich. Sind sie angemalt oder beklebt, können Kartons aber attraktiv aussehen – und gar nicht wie vom Sperrmüll.

Man kann auch in einer Flurecke Schrauben mit Ösen in den Wänden anbringen. Durch die Haken zieht man Seile, über die Bettlaken oder große Tücher gehängt werden. Zur »Möblierung« eignet sich eine Kombination aus weichen

und harten Materialien, also zum Beispiel Schaumstoffteile und Kästen. Solche Improvisationen sind nicht nur dann günstig, wenn Geldmangel herrscht. Wir sehen in der Verwendung einfacher und multifunktionaler Materialien auch eine Möglichkeit, stärker auf die Kinder einzugehen. Je weniger vorgefertigt die Einrichtung für Wohn- und Familienspiele ist, desto besser können die Kinder ihre jeweiligen Lebenswirklichkeiten einbringen.

Einfach und preiswert lassen sich Räume durch Vorhänge abteilen. Oft kann man aber keine Vorhangschienen unter der Decke anbringen. Wenn der Abstand zwischen Wänden eine bestimmte Spannweite nicht überschreitet, sind Drahtseile geeignet, die man einmal längs und einmal quer spannen und daran Stoffbahnen aufhängen kann. Die Befürchtung, dass solche Konstruktionen nicht lange halten, hat sich nicht bestätigt. Die Stoffe dürfen allerdings nicht zu schwer, die Aufhängungen müssen stabil und leichtgängig sein.
In Rollenspielecken in Gruppenräumen räumen die Kinder – wenn es ihnen gestattet wird – oft alle beweglichen Teile aus dem abgesteckten Bereich heraus an einen anderen Ort. Das entspricht sowohl ihrem Bedürfnis nach Gestaltung als auch dem nach Bewegung. Wir haben deshalb »Bausteinhocker« für das Rollenspiel entwickelt.

Das Grundset besteht aus 15 gleich großen Kästen und vier Brettern. Anders als mit den von der Kindergartenmobel-Industrie angebotenen Rollenspielmöbeln können sich die Kin-

der mit diesen multifunktionalen Hockern ihre Rollenspielgelegenheiten selbst schaffen. Damit die Kästen sich sicher stapeln lassen, haben sie ein gewisses Gewicht, aber auch eine handhabbare Größe, so dass die Kinder sie heben, stemmen, schieben oder tragen können. Während die Materialien von den jüngeren Kindern zu einer Kombination aus Bewegungs-, Bau- und einfachem Rollenspiel genutzt werden, animieren sie die Älteren zum Beispiel dazu, sich ihre Wohnungen mit Hocker, Tisch, Bett, Schrank, Herd und Fahrzeug selbst zu bauen.

Der Rollenspielraum sollte den Kindern die Gelegenheit zum improvisierten Spiel und den Erzieherinnen die Möglichkeit zum geplanten Spielangebot geben. Das sieht praktisch so aus: Die Kinder haben für ihr Wohn- und Familienspiel einige Geräte aus dem Haushalt, wie ein Sieb und eine Kartoffelpresse, mit denen sie ausgiebig spielen, die sie auch zweckentfremdet benutzen, unter anderem als Kopfbedeckung. Die Erzieherin, die für den Rollenspielraum zuständig ist, hat sich zum Beispiel mit dem Thema Schattenspiel intensiver beschäftigt. Sie hat dafür gesorgt, dass eine Leinwand und eine starke Lichtquelle im Raum vorhanden sind. Diese Installationen ermöglichen es Kindern und Erzieherin nun ohne weitere Umstände mit den Haushaltsgeräten, dem Licht und dem Schatten zu experimentieren.

Ohne aufwändige Vorarbeiten kann die Verzauberung der Gegenstände im Rahmen eines Schattenspiel-Projekts stattfinden. Es kann sich aber auch um ein Angebot handeln, das die Kinder in der Zeit des so genannten Freispiels wieder aufgreifen.

Wir schlagen für die Einrichtung eines Rollenspielraumes folgendes Vorgehen vor: Überlegen Sie, was Ihnen als Anregung für das Rollenspiel der Kinder wichtig und für Sie selbst interessant ist. Daraufhin schaffen Sie durch schrittweise Veränderungen die räumlichen Voraussetzungen und sorgen für passende Materialien. Sie beobachten das Spiel der Kinder, greifen Ideen auf und probieren aus.

Wenn Sie das Schattenspiel fasziniert, brauchen Sie eine Leinwand. In den kommunalen Kitas in Reggio wurde dafür folgende Konstruktion entwickelt: Man baut aus Holz einen Rahmen – wie einen riesengroßen Bilderrahmen –, spannt, in der Art eines Segels, eine Leinwand hinein und befestigt die obere Kante an der Decke.[6] Sie können auch eine Leinwand improvisieren, indem Sie an einem Betttuch Säume abnähen, oben und unten ein Rundholz hineinschieben und es an der Decke aufhängen. Oder Sie spannen ein Stahlseil und befestigen daran – mittels gestanzter Ösen – einen leichten, weißen Baumwollstoff. Als starke Lichtquelle eignet sich ein Diaprojektor oder ein Baustrahler.

Da die Kinder sich vom Spiel mit dem Schatten magisch angezogen fühlen, kann sich ihre Experimentierfreude verstärkend auf das Interesse der Erzieherin auswirken. Und umgekehrt: Je sicherer die Erzieherin im Umgang mit dem Medium ist, umso herausfordernder können ihre Anregungen für die Kinder sein.

Nach unserer Erfahrung ist der Rollenspielraum ein Ort ruhigen Spiels – allerdings nur dann, wenn den Kindern in der Kita ausreichend Bewegungsmöglichkeiten zur Verfügung stehen, das heißt, wenn sie sich im Haus ungezwungen bewegen können, wenn es im Haus und draußen Räume für raumgreifende Bewegungsspiele gibt. Wir haben beobachtet, dass die Kinder in Bewegungsräumen häufig sehr viel körperbetontere Rollenspiele spielen als in solchen Räumen, die ein differenzierteres Rollenspielangebot enthalten. Während Wohn- und Familienspiele auch im Bewegungsraum, vor allem auf der Bewegungsbaustelle, gespielt werden (können), sind viele Formen des darstellenden Spiels nur im Rollenspielraum zu realisieren.

Ausschlaggebend für die Einrichtung einen Rollenspielraumes ist natürlich die Anzahl der Räume, die zur Verfügung steht. Nehmen wir an, Sie arbeiten in einer Kindertagesstätte offen mit einer weiteren Gruppe zusammen. Sie brauchen für die Mahlzeiten einen Raum und wollen

6 *Siehe dazu das Foto bei Brigitte Sommer: Kinder mit erhobenem Kopf. Luchterhand Verlag, Neuwied und Berlin 1999, S. 47*

in einem weiteren Raum das Atelier einrichten. Wenn dann nur noch ein Raum übrig bleibt, sollte man für Kinder im Vorschulalter einem Bewegungsraum den Vorzug vor einem Rollenspielraum geben, weil sich die Kinder im Bewegungsraum eben nicht nur bewegen, sondern – mit den entsprechenden Materialien – auch alle möglichen Rollenspiele spielen. Das ist zwar keine ideale Lösung, aber Rollenspielangebote, zum Beispiel für Verkleidungs- und Frisierspiele, lassen sich zur Not auch in Flurecken einrichten, ebenso wie eine Schattenspielwand oder eine Bilderbuchecke. Zur Befriedigung ihrer motorischen Bedürfnisse aber brauchen die Kinder Platz. Das Außengelände reicht dafür in der Regel nicht. Fehlt ein Bewegungsraum, wird oft der Rollenspielbereich von den Kindern zum Toben umfunktioniert.

Bevor man auf einen Rollenspielraum verzichtet, sollte man jedoch alle vorhandenen Räume prüfen: Gibt es einen großen Eingangsbereich oder eine Halle, die sich als Raum für Bewegungsangebote nutzen lassen? Oder verfügen Sie über einen Vielzweckraum, der in erster Linie als Bewegungsraum gestaltet werden kann?

Auch wenn es im Rollenspielraum gewöhnlich nicht übermäßig laut ist, so muss doch die Akustik des Raumes geprüft werden, da die Sprache und damit die akustische Qualität des Raumes im Rollenspiel besonders wichtig sind. Durch Einbauten entsteht eine gedämpfte Akustik, die in kleineren Räumen ausreichend sein kann, aber in großen, hallenden Räumen reichen Spielebenen zur Verbesserung der Akustik nicht aus. Dort müssen Schallschutzdecken eingebaut werden. Teppichböden sind als wirksame Schallschlucker für Rollenspielräume gut geeignet, es sei denn, die Küchenzeile befindet sich dort. Dann kann vielleicht ein einzelner Bereich mit Teppichen ausgelegt werden. In einer Hamburger Kita liegt ein dicker, weicher Berberteppich, den die Kinder lieben, und der so schwer ist, dass er nicht dauernd verrutscht.

Der Rollenspielraum ist ein ruhiger Bereich; trotzdem verbinden wir damit die Vorstellung von reger Aktivität. Dafür brauchen Kinder und Erzieher/innen helles, aktivierendes Licht. Damit stehen wir zunächst in einem Gegensatz zu vielen Erzieherinnen, die gerade im Rollenspielbereich »gemütliches« Licht haben möchten, das unseres Erachtens als Grundbeleuchtung zu dunkel ist. Zu Recht lehnen diese Erzieher/-innen jedoch eine monotone Deckenbeleuchtung, zum Beispiel durch Leuchtstoffröhren, ab. Eine angenehme Helligkeit kann durch Beleuchtungskörper entstehen, die indirektes Licht geben – also Deckenfluter, die entweder an der Wand angebracht oder von der Decke abgehängt werden.

Neben der Grundbeleuchtung, die die unterschiedlichen Räume im Raum verbindet, benötigen die Kinder für das Spiel in kleineren Gruppen jeweils eine eigene Beleuchtung mit einem separaten Schalter. Über und unter den

Spielebenen muss es Lichtquellen geben. Darüber hinaus werden Steckdosen im oberen Bereich gebraucht, um einen Staubsauger oder einen Kassettenrecorder anzuschließen und für zusätzliche Beleuchtungskörper wie Lichterketten.

Ein Qualitätsmerkmal von künstlicher Beleuchtung in der Kita ist ihre Flexibilität. Ein differenziert ausgestatteter Rollenspielraum benötigt punktuelle Lichtquellen, die einzeln geschaltet werden können. Optimal sind mehrere Schaltkreise. Bei Neubauten sollte dies durch die Verlegung von fünfadrigen Kabeln berücksichtigt werden.

Um problemlos verschiedene Formen des darstellenden Spiels realisieren zu können, sollten Sie bei der Auswahl der Gardinen daran denken, dass sie möglichst wenig lichtdurchlässig sind oder eine andere Verdunklungsmöglichkeit anbringen.

Nicht nur durch Licht, auch durch Farbe kann man die Einheit eines komplexen Raumes betonen, aber auch umgekehrt die einzelnen Räume im Raum hervorheben. Es ist günstig, sich für eine leitende Farbe zu entscheiden. Dafür steht die ganze Palette warmer Farben zur Verfügung. Die einzelnen Rollenspielbereiche können durch verschiedene Abstufungen der Leitfarbe oder durch ihre Komplementärfarbe unterschieden werden. Das bewährt sich besonders bei Holzeinbauten. Lasierende Farben, die die Maserung des Holzes durchschimmern lassen, unterbrechen zugleich optisch allzu eintönige Holzfronten. Vielleicht setzen sie auch den einen oder anderen theatralischen Akzent, zum Beispiel durch eine nachtblaue Fläche oder einen purpurroten Stoff.

Eine ästhetische Raumgestaltung spricht die verschiedenen Sinne von Kindern und Erwachsenen an. Lichtführung, Farben und Materialqualitäten spielen ebenso eine Rolle wie die unterschiedlichen Betätigungsmöglichkeiten und die vielen Dinge, die es zu entdecken gibt. Im Rollenspielraum ist es nicht ganz einfach, zu einem harmonischen Gesamteindruck zu kommen, vor allem, wenn die Kinder dort mit Materialien improvisieren können. Auf viele Erwachsene wirkt das einfach unordentlich und wenig ansprechend, vor allem, wenn es sich nicht nur um ein Sammelsurium von Formen, sondern auch von Farben und Mustern handelt. Deshalb verzichten wir weitgehend auf Muster und verwenden Tücher, Decken, Kissen usw., die farblich abgestimmt sind.

Eine der Aufgaben der Erzieher/innen im Rollenspielraum besteht darin, die Angebote zu ordnen und dadurch eine anregende Umgebung herzustellen. Nur durch eine durchdachte, für die Kinder überschaubare Ordnung können sie sich beim Aufräumen orientieren. Jedem neuen Kind muss erklärt werden, wie bestimmte Materialien zu handhaben sind. Jüngere Kinder brauchen Hilfe beim Aufräumen. Einfache Regeln, zusammen mit den Kindern entwickelt, vermindern den Ärger, den es erfahrungsgemäß beim Aufräumen gibt. Wenn der Raum durch Spielebenen gegliedert ist, muss die Zahl der Kinder, die sich gleichzeitig im Raum befinden dürfen, nicht festgelegt werden.

Den Eltern die Arbeit im Rollenspielraum nahe zu bringen, ist sicherlich nicht ganz einfach. Anregungen, selber etwas auszuprobieren, müssen sorgfältig ausgewählt werden. Zu groß ist die Distanz der meisten Erwachsenen zu den typischen Spielen der Kinderzeit. Wirkungsvoll wird immer eine kleine Vorführung mit Figuren oder Personen sein. Viele Kinder – und Erzieher/innen – möchten sich aber nicht »produzieren«. Eltern, insbesondere ausländische Mütter und Väter, können die Materialausstattung des Rollenspielraumes bereichern, wenn sie um Alltagsmaterialien gebeten werden. Dadurch finden ausländische Kinder vertraute Gegenstände vor. Einheimische Kinder können sich mit Ungewohntem bekannt machen. In jedem Fall kann eine fotografische Dokumentation der Aktivitäten im Rollenspielraum den Eltern einen Einblick in das gewähren, was dort stattfindet.

Bei Einbauten sollte mit den Kolleginnen aus dem hauswirtschaftlichen Bereich geklärt werden, wer die Spielebenen reinigt. In Hamburger Kitas sind dafür in der Regel die Erzieher/innen zuständig.

## Planungshilfen für Rollenspielräume

**1. Räumliches**

- Ein mit mehreren elektrischen Schaltkreisen für verschiedene Beleuchtungen ausgestatteter Raum, dessen Höhe sich zum Einbau von Spielebenen eignet.

2. **Ausstattung**

2.1 Kostengünstige Anregungen zum improvisierten Rollenspiel und Rückzug sind zum Beispiel große und kleine Kartons, Spielständer aus der Waldorfpädagogik, mobile Trennwände (Paravents), Schaumstoffteile, Bettlaken, große Tücher, Decken und Kissen, durch den Raum gespannte Drahtseile, an denen Stoffe aufgehängt werden können, Ösen in den Wänden, an denen die Kinder Seile für eigenständige Raumabteilungen befestigen können sowie stapelbare »Bausteinhocker« (35 cm x 26 cm x 24 cm) und Bretter.

2.2 Zwei oder mehr Spielebenen als Gelegenheiten

- zum Rückzug, zum Beispiel durch Höhlen, Nischen oder »Schwalbennester«
- zum Familienspiel, zum Beispiel mit Spielherd, Tisch mit Sitzgelegenheiten, Bord für Geschirr, einem Bett und einem Spiegel
- zum Verkleiden, zum Beispiel mit einem großen Spiegel, Ablageborden und Garderobenhaken für Verkleidungssachen und/oder einen Korb mit Tüchern
- für Frisierspiele mit einem Spiegel und einer Ablage für Zubehör.

2.3 Gelegenheiten für Rollenspiele aus der Arbeitswelt, zum Beispiel mit einem Schalter, einer Theke oder »Bausteinhockern« mit Brettern

2.4 Gelegenheiten zum Spiel mit Figuren, das heißt Handpuppen, Stabpuppen usw., eventuell mit einem eigenen Puppentheater oder einer Vorrichtung unter der Spielebene.

2.5 Gelegenheit zum Betrachten von Bilderbüchern und zum Vorlesen auf der Spielebene oder, wenn genügend Platz vorhanden ist, ein eigener abgeschirmter Bereich mit einem Sessel oder Sofa für Erwachsene. Wichtig sind ein zum Lesen geeignetes Licht und ein Kasten, Regal oder Bord für die übersichtliche Aufbewahrung der Bücher.

2.6 Gelegenheit zum Theaterspielen, zum Beispiel Stegreifspiele, Pantomime, Maskenspiele, mit einer Bühne und einem Vorhang. Dazu eignen sich Podeste bzw. Tische, denen die Beine abgesägt wurden.

2.7 Gelegenheit zum Schattenspielen. Dazu braucht man eine starke Lichtquelle, zum Beispiel einen Dia-Projektor oder einen Baustrahler, und eine Leinwand.

2.8 Gelegenheit zum Kochen und Backen, wenn keine Küchenzeile im Restaurant vorhanden ist. Keine Kinderküche, sondern eine Küchenzeile mit Herd, Spüle und Arbeitsplatte in Erwachsenenhöhe mit Podest für die Kinder.

**3. Akustik**

- Bei hallenden Räumen ist eine Schallschutzdecke notwendig. Einbauten, Teppiche und Vorhänge aus dickem Stoff verbessern die Akustik.

**4. Beleuchtung**

- Die Grundbeleuchtung sollte aktivierend, also nicht zu dunkel sein. Eine angenehme Helligkeit kann durch Beleuchtungskörper entstehen, die indirektes Licht geben – durch Deckenfluter, die an der Wand angebracht oder von der Decke abgehängt werden. Für das Spiel in kleinen Gruppen in unterschiedlichen Räumen im Raum brauchen die Kinder jeweils eine eigene Beleuchtung mit einem separaten Schalter. Optimal sind mehrere Schaltkreise, so dass die Lampen einzeln geschaltet werden können. Das sollte bei Neubauten durch die Verlegung von fünfadrigen Kabeln berücksichtigt werden.

**5. Farbe**

- Für den Rollenspielbereich kommen alle warmen Farben in Frage.
  (siehe Literaturhinweis im Kapitel: Farben)

**6. Ästhetik**

- Wenn die Kinder im Rollenspielbereich improvisieren können, wirkt das auf die Erwachsenen häufig deswegen besonders unordentlich, weil es sich nicht nur um ein Sammelsurium von Formen/Gegenständen sondern häufig auch von Farben und Mustern handelt. Eine Möglichkeit, zu einem harmonischeren Gesamteindruck zu kommen, ist die Verwendung von farblich abgestimmten Wänden, Teppichböden, Tüchern, Decken, Kissen usw. sowie der weit gehende Verzicht auf Muster.

**7. Inhaltliches**

- Wünschenswert ist eine Auseinandersetzung mit den Theorien zum Rollenspiel sowie eine Beschäftigung mit dem Spiel mit Figuren, Schattenspiel, Theaterspielen, Verkleiden, Masken, Schminken und Kinderbüchern.
  Es muss geklärt werden, was es bedeutet, zuständig zu sein für Materialbeschaffung, Aufräumen, Aufsicht, Beobachtungen, Angebote, Projekte und Dokumentation.

**8. Organisatorisches**

- Die offene Arbeit in Funktionsräumen erfordert die Klärung der Zuständigkeit für die Materialbeschaffung, das Aufräumen usw. Nach unserer Erfahrung funktioniert es auch im Rollenspielraum am besten, wenn eine Erzieherin für den Raum zuständig ist und es eine klare Vertretungsregel gibt. Die Zahl der Kinder, die sich gleichzeitig im Raum befinden, muss nicht festgelegt werden, wenn der Raum durch Spielebenen gegliedert ist und die Kinder die Möglichkeit haben, sich den Raum selbst aufzuteilen.

**9. Regeln**

- Die Regeln für den Rollenspielraum, die mit den Kindern besprochen werden sollten, drehen sich erfahrungsgemäß um das Aufräumen.

**10. Einbeziehung der Eltern**

- Eltern können in das, was im Rollenspielraum stattfindet, besonders gut durch die Dokumentation der Aktivitäten der Kinder einbezogen werden.

**11. Absprachen zwischen den Mitarbeiterinnen im Hausbereich und den Pädagogen**

- Es muss zum Beispiel geregelt werden, wer die Spielebene reinigt.

# Kita als Lernwerkstatt durch Ateliers und Werkräume

In Kindergärten wird viel gemalt und gebastelt. Immer mehr Kitas haben eigene Malbereiche, in denen Stifte und Papier für die Kinder frei zugänglich sind. In den Gruppen- oder Nebenräumen gibt es Gelegenheiten zum Bauen, fürs Rollenspiel und Bastelecken, die in Kindergärten meist noch für Tischspiele und in Tagesstätten zusätzlich zum Essen genutzt werden. Weil die Tische multifunktional genutzt werden, müssen angefangene Arbeiten mittags weggeräumt werden. Aber auch ein einseitiges Materialangebot, vorwiegend aus Stiften, Papier, Scheren und Klebstoff, zu wenig Platz und die Tatsache, dass keine Erzieherin für den Kreativitätsbereich zuständig ist, verhindert in vielen Hamburger Kitas, die Mal- und Bastelecken eingerichtet haben, die Entfaltung der kindlichen Kreativität.

Ganz anders ist es in einer Hamburger Kita, die offen arbeitet. Dort gibt es genügend Platz für ein vielfältiges Materialangebot, weil der Gruppenraum als Atelier und der Gruppennebenraum als Werkraum eingerichtet wurde. Zwei Erzieherinnen sind zuständig für die »vorbereitete Umgebung« in diesem Bereich, das heißt für die Materialbeschaffung, das Aufräumen, die Aufsicht und die Angebote. Das bedeutet im Alltag, dass sie sich die meiste Zeit in diesen Räumen aufhalten und führt inhaltlich dazu, dass sie sich intensiv mit den Prozessen auseinander setzen, die die Kreativität fördern. Das Atelier hat Erzieherinnen und Kinder von dem Zwang befreit, ein bestimmtes Ergebnis zu

produzieren. Die Schablonen sind verschwunden. Die Erzieherinnen äußern sich begeistert über die Ausdauer und Intensität, mit der Kinder, von denen sie es nie gedacht hätten, an ihren Werken arbeiten. Mit einer vorher nicht gekannten Selbstverständlichkeit werden Kinderarbeiten aufgehoben, spontan kleine Ausstellungen improvisiert. Die offensichtliche Lust der Kinder an ihrem Tun wirkt zurück auf die

Motivation der Erzieherinnen, den Kindern dieses Tun zu ermöglichen.

Uns hat diese Erfahrung darin bestätigt, dass man »das Pferd auch von hinten aufzäumen« kann. Erst kommt die Raumgestaltung, indem die Erzieher/innen ein Atelier einrichten, und dann ergibt sich daraus die Entwicklung zur Fachfrau oder zum Fachmann für Kreativitätsförderung.

## Reggio-Pädagogik, offene Arbeit und Psychomotorik

Wir beziehen uns bei unseren Vorschlägen zur Gestaltung von Ateliers auf die Reggio-Pädagogik, weil die dortigen räumlichen Bedingungen die Sinne der Kinder anregen und ihre Wahrnehmung stimulieren, so dass sich ihre Kreativität entfalten kann. In Reggio sind Räume eingerichtet worden, die durch offene Regale mit Materialsammlungen eine permanente Aufforderung für die Kinder darstellen, sich zu betätigen, zu suchen, zu sammeln, etwas auszuprobieren und zu entdecken. Die Fantasie wird durch die anregende Umgebung beflügelt.

Für diese Ateliers sind Kunstpädagogen (»Atelierista«) zuständig. Sie gehören zum Kitateam und arbeiten mit Kindern, Erzieherinnen, Eltern und den Fachberater/innen (»Pedagogista«) im »Pädagogischen Zentrum« zusammen. Eine ihrer Hauptaufgaben ist die Dokumentation. Im ständigen Austausch mit den Kunstpädagogen können sich Erzieherinnen und Fachberater/innen Kenntnisse aneignen, die die »Atelierista« durch ihre Ausbildung mitbringt. Die intensive Zusammenarbeit zwischen Künstlern und Pädagogen in Reggio ermöglicht es beiden Berufsgruppen, die Einseitigkeiten ihrer Ausbildung zu überwinden und etwas gemeinsames Neues, eine ästhetische pädagogische Praxis zu entwickeln.

In Reggio sind die Ateliers Räume, in denen Erzieher/innen in Zusammenarbeit mit Kunst-

pädagogen und Fachberaterinnen Projekte durchführen. Da sich die Hamburger Erzieher/innen weder auf kunstpädagogische Kompetenz noch auf ausreichende Vorbereitungszeiten und auch nicht auf kontinuierliche fachliche Beratung stützen können, haben wir ein eigenes Modell zur Förderung der Kreativität der Kinder in Ateliers und Werkräumen entwickelt. Wir verbinden Anregungen aus Reggio mit der Idee der Funktionsräume aus der offenen Arbeit sowie psychomotorischen Gesichtspunkten.

Bei der Umgestaltung von Gruppenräumen in Ateliers gewinnt man Platz für Angebote, die über das traditionelle Mal- und Bastelangebot hinausgehen. Damit die Kinder in kleinen Gruppen ungestört arbeiten können, wird der Raum durch quergestellte Regale in verschiedene Bereiche gegliedert. Regale, durch die man hindurchschauen kann, markieren Grenzen und ermöglichen gleichzeitig fließende Übergänge. Indem sich die Kinder von einem Bereich zum anderen bewegen und verschiedene Körperhaltungen beim Arbeiten einnehmen – Stehen, Sitzen, Knien, Hocken –, können sie Sensorik und Motorik integrieren. Deshalb sollte es in den verschiedenen »Räumen im Raum« nicht nur Tische, sondern unterschiedliche Arbeitsflächen geben. Auch das Atelier ist kein Ort, an dem still an Tischen gesessen wird, sondern ein Raum für ganzkörperliche Erfahrungen.

Während im Bewegungsraum der selbstbestimmte Umgang mit dem eigenen Körper im Vordergrund steht, ist das Atelier ein Raum, in dem die Kinder täglich, ohne enge zeitliche Grenzen, selbstbestimmt mit Materialien umgehen können und dabei – zumindest zeitweise – von einer Erzieherin begleitet werden.

## Ganzheitliche Angebote zur Kreativitätsförderung: Kleister, Ton und Sand

Die Material- und Werkzeugangebote sollen die Lust der Kinder am Experimentieren stärken, sie zum Gestalten und Erfinden anregen und ihnen die Möglichkeit geben, in selbstbestimmtem Tempo ihre Fähigkeiten zu entwickeln. Allerdings ist es nicht ganz einfach, das richtige Material für jedes Alter zu finden. In Gruppen mit kleiner und mit großer Altersmischung sollten es Materialien sein, die ganz unterschiedliche Kinder »dort abholen, wo sie stehen«. Kleister, Ton und Sand erfüllen diese Anforderung.

Es sind völlig unkomplizierte Materialien, die nicht viel kosten, bei denen die Kinder aus dem Vollen schöpfen können. Wir denken dabei an angerührten Tapetenkleister, der zum Matschen auf den Tisch kommt und – mit Farbpigmenten vermischt – besonders schöne und preiswerte Fingerfarben ergibt. Ton sollte nicht rationiert werden, sondern als 10-Kilo-Quader bereitliegen[1]. Für Spiele mit Sand wurde von Kindergartenmöbelfirmen ein eigener Sand-Matsch-Tisch entwickelt. Noch geeigneter ist eine flache Schublade oder »Sandwanne«, wie sie Marielle Seitz entworfen hat, in der Kinder mit feinem Sand experimentieren und Formen zeichnen können.[2]

Kleister, Ton und Sand gehören jeweils auf einen eigenen Tisch. Bei Platzmangel werden sie alternativ angeboten. Durch die Gestaltung eines Tisches als Arbeitsplatz erhalten die Kinder die Möglichkeit, sich mit einem Material intensiv zu beschäftigen. Wichtig ist, dass nicht von vornherein alles mit allem vermischt wird – was selbstverständlich nicht ausschließt, dass mit einer Mischung der Materialien experimentiert wird.

Aber die Idee ist folgende: Mit dem einen Material werden den Kindern andere Erfahrungen und Handlungsmöglichkeiten als mit dem

1 *Siehe dazu: Birgit Libetruth-Bergfeld: Wer wirft denn da mit Lehm...?, Kindergarten Fachverlag, St. Ingbert 1995*
2 *Siehe dazu: Marielle Seitz: Schreib es in den Sand. Don Bosco Verlag, München 1996*

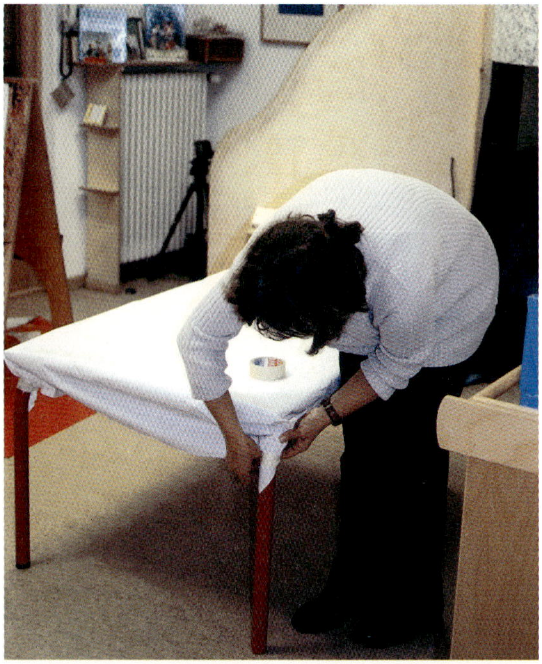

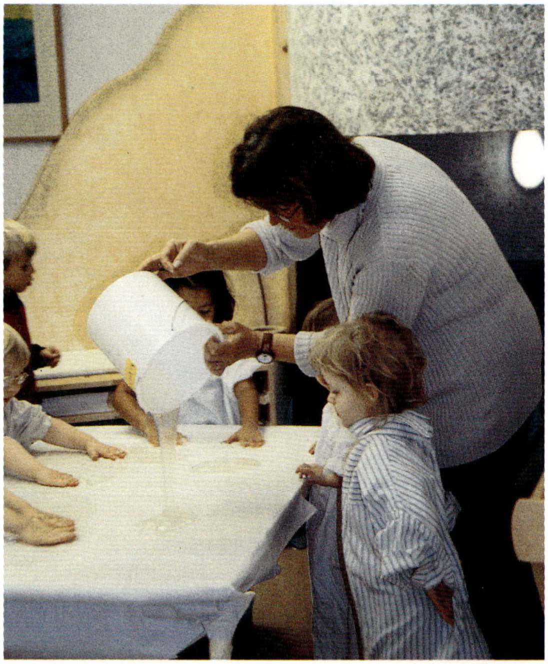

anderen angeboten. Beim Ton zum Beispiel braucht man mehr Kraft als beim Sand. Deshalb spricht ein »Ton-Tisch« andere Kinder an als ein »Sand-Tisch« bzw. wird dasselbe Kind das eine Mal vom Ton zur Gestaltung herausgefordert, dann wieder – je nach Gefühlslage – von der Sandwanne magisch angezogen.

Mit allen drei Materialien: Kleister, Ton und Sand können die Kinder ausgiebige Tasterfahrungen machen. Sie können mit ihnen expressiv gestalten und durch sie Stille, Konzentration, sogar heilende Wirkungen erleben. Dies sind ganzheitliche psychomotorische Angebote, weil sie das Zusammenwirken von Sinnestätigkeit, Bewegung, Sprache und sozialer sowie emotionaler Kompetenz fördern.[3] Wir haben die Erfahrung gemacht, dass es durch Ausprobieren, Beobachtung und den Einsatz kleiner Hilfsmittel möglich ist, die Angebote so gut zu organisieren, dass der »Dreck«, den diese Materialien machen, minimiert werden kann. Darüber hinaus ist es nötig, mit den Kindern einige Regeln zu vereinbaren, zum Beispiel Malkittel anzuziehen oder sich beim Kleister nur mit nacktem Oberkörper zu betätigen. Die Kolleginnen aus dem Hauswirtschaftsbereich sollten mit den Überlegungen vertraut gemacht werden, die dazu führen, dass den Kindern Kleister, Ton und Sand zur Verfügung stehen. Danach muss über eine gerechte Verteilung der Arbeit zwischen den Erzieherinnen und den hauswirtschaftlichen Mitarbeiterinnen geredet werden.

3 *Eine verständliche Erläuterung der komplizierten Zusammenhänge findet sich bei: Axel Jan Wieland: Graue Theorie ein bisschen farbiger. In: Gerhard Regel/Axel Jan Wieland (Hrsg.):Psychomotorik im Kindergarten. Verlag Rissen, Hamburg 1984 (3. Aufl.)*

## Einrichtung des Ateliers

Wenn die Inneneinrichtung in Ateliers auch dem Bewegungsbedürfnis der Kinder Rechnung tragen soll, muss an der herkömmlichen Möblierung mit Tischen und Stühlen etwas verändert werden.

Wir empfehlen möglichst viele verschiedene Arbeitsflächen: Arbeitsplatten unter dem Fenster statt Fensterbänken, Malwände, die am besten leicht schräg an der Wand angebracht werden, Freiflächen für Arbeiten auf dem Boden, höhenverstellbare Tische, und Staffeleien, die sich auch selbst herstellen lassen. Die Zahl der Sitzgelegenheiten kann reduziert werden. Stühle sind überflüssig, stattdessen sollte es Hocker geben, auf denen die Kinder aktiv sitzen können.

Mit höhenverstellbaren Tischen werden Kindern Arbeitsflächen angeboten, die auf ihre Körpergröße eingestellt werden können und an denen das Arbeiten wahlweise im Sitzen und im Stehen möglich ist. Wenn höhenverstellbare Tische aus finanziellen Gründen nicht in Frage kommen, kann man in vielen Ateliers statt der Fensterbänke Arbeitsplatten in Stehhöhe der Kinder anbringen. »Malen ... bietet in stehender Position sowohl Halt als auch ausreichende Bewegungsfreiheit und ist für (zumal umtriebige) Kinder in der Regel am geeignetsten. Die sitzende Position hingegen widerspricht dem Malen. Sie führt eher zu den konventionell eingeengten Darstellungsformen

des linearen Zeichnens und des Schreibens.«[4]

Die Arbeitsplatten haben mehrere Vorteile: Am Fenster ist es hell. Man kann diesen Platz effektiv nutzen. Hinzu kommt, dass die Stehhöhe Stühle bzw. Hocker überflüssig macht. Das bietet sich besonders in kleinen Räumen an.

Damit Kinder unterschiedliche Körperpositionen einnehmen können, brauchen sie Staffeleien und Malwände, an denen sie mit ausladenden Bewegungen malen können.

## Trocken- und Nassmalbereich

Im Atelier des Kindergartens Tungeln bei Oldenburg haben wir den Unterschied zwischen einem Nass- und einem Trockenmalbereich kennen gelernt. Die Trennung der Bereiche hat sich auch in vielen Hamburger Kitas bewährt.

Praktisch sieht das so aus: Je nach Größe des Raumes gibt es einen Tisch und/oder Arbeitsplatten am Fenster, denen offene Regale mit

4 *Pia Marbacher-Widmer: Bewegung und Malen. borgmann verlag, 1991, S. 90*

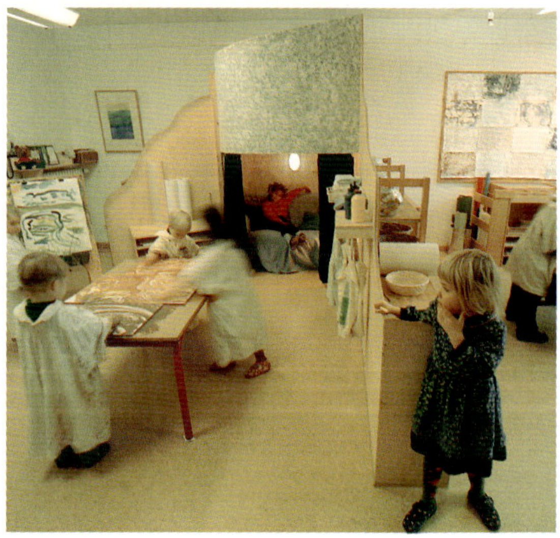

Materialien zum Trockenmalen, Kleben und Schneiden zugeordnet sind. Dazu gehören zum Beispiel Malstifte – mehr dicke und weiche als dünne und harte –, die in Behältern farblich sortiert sind; Malkreiden in offenen Behältern, für jüngere Kinder ebenfalls nach Farben geordnet; Papiere in verschiedenen Formaten, Stärken, Farben und Qualitäten sowie gesammelte Materialien wie Bonbonpapiere und Naturmaterialien. Alles wird übersichtlich so auf den Regalbrettern untergebracht, dass sich die Kinder selbst bedienen können. Ein weiterer Tisch, eine Staffelei (je nach Platz auch mehrere) und/oder eine Malwand stehen für die Kinder zum Nassmalen bereit. Auf einem zugehörigen Regal befinden sich Farben, Pinsel, Wassergläser, Lappen und für das Nassmalen geeignete Papiere. In diesem Bereich hängen Malkittel (alte Oberhemden mit abgeschnittenen Ärmeln oder Ähnliches), die die Kinder möglichst selbständig anziehen können.

Das Trocknen vieler nasser Bilder stellt erfahrungsgemäß ein Problem dar. Wir haben deshalb einen »Malbretterturm« entwickelt, in dem auf kleiner Grundfläche bis zu 30 Bilder gleichzeitig getrocknet werden können. Er unterscheidet sich von den Trockengestellen, die in Katalogen angeboten werden, dadurch, dass die Bretter sowohl als Malunterlage als auch zum Trocknen von Bildern usw. geeignet sind.

Wenn man ihn selbst baut, bestimmt man zunächst die Größe der Bretter. Bewährt haben sich die Maße 40 x 50 Zentimeter für Papiere bis zum Format DIN A3. Dann lässt man die benötigte Anzahl der Bretter im Baumarkt zuschneiden. Der Turm besteht aus einer Boden- und einer Deckplatte, zwei ca. 140 Zentimeter hohen Seitenteilen, die beide Platten verbinden, einem Metallkreuz, das das Gestell stabilisiert, und bis zu 30 schmalen Leisten auf beiden Seiten, auf denen die Bretter aufliegen. Wenn das Trockenbord mobil sein soll, schraubt man noch vier Rollen unter die Bodenplatte. Nach

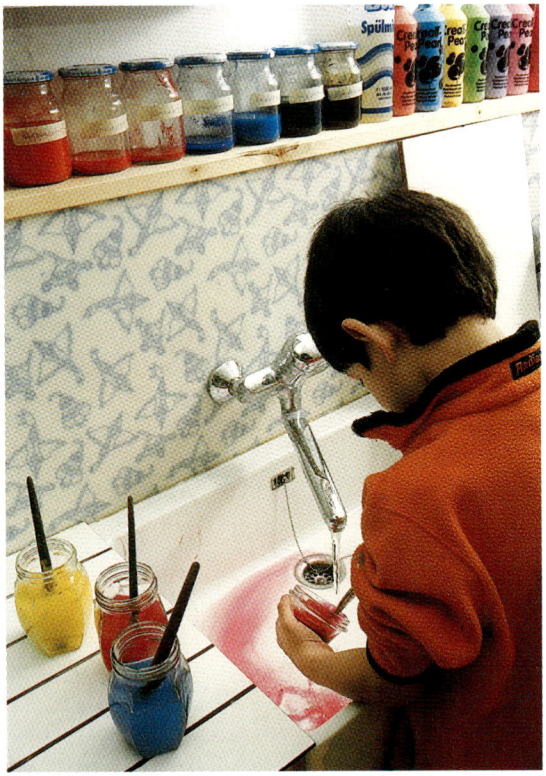

unserer Beobachtung ist die platzsparende Möglichkeit zum Trocknen von Bildern, Tonarbeiten und anderen Materialien eine wichtige Voraussetzung dafür, dass die entsprechenden Angebote selbstverständlich in den Kita-Alltag integriert werden können.

Als größtes Hindernis für die Einrichtung eines Nassmalbereichs erweist sich die fehlende Wasserstelle im Gruppenraum. Ohne Waschbecken ist der Arbeitsaufwand für die Erzieher/innen riesig. Die Kinder können nicht selbständig agieren. Deshalb sollten Ateliers in Räumen mit Wasseranschluss eingerichtet werden, etwa in den Gruppenräumen, in denen es eine Küchenzeile gibt. Wenn das Raumprogramm in Kitas Werkräume vorsieht, sind die in der Regel mit Waschbecken ausgestattet. In einigen Hamburger Kitas sind die Gruppenräume, die in Ateliers umfunktioniert wurden, so ausgesucht worden, dass man nachträglich einen Wasseranschluss legen konnte, weil sich auf der anderen Seite einer Wand die Waschbecken des Sanitärbereichs befanden.

Da die Erzieher/innen das Becken ebenso häufig nutzen wie die Kinder, empfehlen wir, es in Erwachsenenhöhe anzubringen. Die Arbeitserleichterung wird sonst wieder durch die strapazierende Körperhaltung beeinträchtigt. Für die Kinder muss man dann einen Kompromiss machen und ihnen Hocker, Tritte oder herausziehbare Podeste bereitstellen.

Wenn Sie überlegen, wo Sie ein Atelier einrichten, orientieren Sie sich an zwei Gesichtspunkten: möglichst viel Tageslicht und ein Wasseranschluss bzw. ein kurzer Weg zu einer Wasserstelle. Obwohl Tageslicht für das Malen eigentlich unerlässlich ist, besagen unsere Erfahrungen , dass sich der Mangel an Licht durch eine gute künstliche Beleuchtung eher ausgleichen lässt als das Fehlen eines Waschbeckens, das den Erzieherinnen die Arbeit ungemein erschwert. Selbstverständlich heißt das nicht, dass man Ateliers im Keller einrichten sollte, nur weil es dort Wasser gibt. Wenn gar keine andere Möglichkeit besteht, kann man auch zwei Eimer für frisches und gebrauchtes Wasser aufstellen, die die Arbeit wenigstens etwas erleichtern.

Das künstliche Licht sollte hell und weitgehend schattenfrei sein. Diesen Anspruch erfüllen zwar oft auch herkömmliche Beleuchtungen. Ein sehr viel angenehmeres Licht als Rasterleuchten unter der Decke spenden »abgependelte« Leuchten über den Arbeitsflächen, die gleichzeitig direktes und indirektes Licht geben, also sowohl nach unten als auch nach oben strahlen. Am wichtigsten ist die Qualität der Leuchtmittel. Für das Atelier braucht man Lampen, die das Farbspektrum des Regenbogens wiedergeben, so genannte 5-Banden-Lampen bzw. Lampen mit einer Farbwiedergabe der Qualität 1A oder 1B.

## Die Präsentation von Materialien

Wie in Reggio bildet die Sammlung verschiedener Materialien den Grundstock der Atelierausstattung. Es kann alles gesammelt werden: alltägliche und nicht alltägliche Dinge. Materialsammlungen knüpfen an der Sammelleidenschaft der Kinder an. Auch Eltern verfügen oft über interessante »Quellen«.

In den Kitas sammelt sich im Laufe der Jahre vieles hinter verschlossenen Schranktüren an. Oft sind Materialien verteilt über verschiedene Räume – vom Keller bis zum Büro der Leitung. Die Ausstattung des Ateliers ist *die* Gelegenheit, die Materialien einer ganzen Einrichtung zu sichten, zu sortieren, neu zusammenzustellen und vor allem übersichtlich zu präsentieren. Dafür braucht man Regale. Die Regale sollten verstellbare Böden haben, von denen man einige in geringen Abständen einziehen können sollte. Die Übersicht über das Material lässt sich nur dadurch erreichen, dass es so differenziert wie möglich gelagert wird. Dabei reicht es aber nicht, nur grob nach Materialarten wie Papier, Farben, Naturmaterial und kostenlosem Material zu unterscheiden. Wichtig ist, dass zum Beispiel unterschiedliche Papiersorten nicht alle auf einen Haufen gestapelt werden, sondern jede Sorte ihren eigenen Platz hat. Nur so können die Kinder die Unterschiede wahrnehmen.

Die übersichtliche Darbietung von Materialien hat einen doppelten Zweck: Sie soll die Kin-

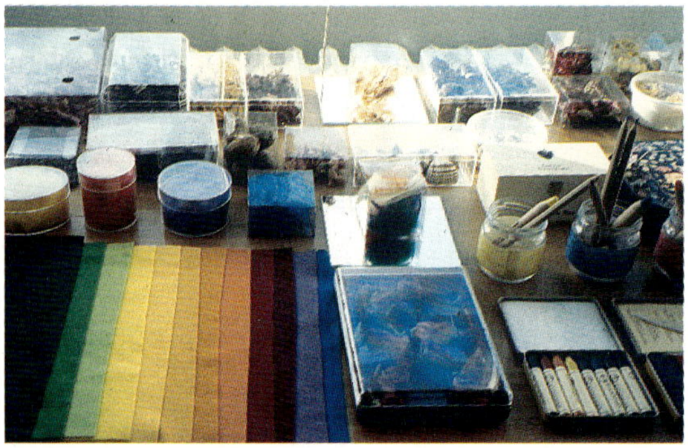

der zum Malen und kreativen Umgang mit dem Material animieren und sie reduziert die Konflikte zwischen Kindern und Erzieher/innen beim Aufräumen.

Oft ist das Aufräumen ein brisantes Thema im Atelier. Wir haben die Beobachtung gemacht, dass Ordnungssysteme, die von den Erzieher/-innen auf den Entwicklungsstand der Kinder abgestimmt worden sind, den Kindern die Orientierung so erleichtern, dass es kaum noch Ärger mit dem Aufräumen gibt. Eine kindgerechte Ordnung unterstützt die Lust der Kinder am Sortieren. Die Spielzeugindustrie hat das erkannt und Sortierspiele auf den Markt gebracht, auf deren Anschaffung man verzichten kann zu gunsten zum Beispiel als zu teuer angesehener Farben wie Aquarellfarben.

Das schließt nicht aus, dass es Kartons mit einem Sammelsurium und unordentliche Ecken im Atelier gibt. Kinder nutzen die Ateliers aber umso intensiver, je übersichtlicher Material und Werkzeug angeboten werden.

## Werkräume

Wenn es möglich ist, sollten sich die Angebote zum Werken – wegen der Arbeitsgeräusche – nicht mit dem Atelier in einem Raum befinden. Idealerweise liegt der Werkraum neben dem Atelier, um fließende Übergänge zwischen den verschiedenen Bereichen bildnerischen Gestaltens zu ermöglichen.

Da es beim Hämmern und Sägen laut wird, ist eine Schallschutzdecke notwendig. Für die Wände empfehlen wir einen Sajade-Anstrich. Bei Platzmangel kann man den Werkraum in einem Schuppen auf dem Außengelände einrichten. In Hamburg wurde durch die offene Arbeit der eine oder andere Sanitärbereich entbehrlich und in einen Werkraum umfunktioniert.

Das Hantieren mit Hammer, Säge usw. macht nicht nur Krach, sondern gilt landläufig als zu gefährlich für kleine Kinder. Auch deshalb stehen viele Erzieher/innen diesen Angeboten skeptisch gegenüber.

Der Umgang mit Holz gilt eher als männliche Domäne. Darin sehen wir eine Erklärung dafür, dass sich von den Werkräumen oft die Jungen angezogen fühlen, während in den Bastelecken eher die Mädchen zu finden sind. Das ändert sich allerdings, wenn Ateliers eingerichtet werden, in denen nicht mehr mit Schablonen gebastelt wird. Den Umgang mit flüssigen Farben, Kleister, Ton und Sand mögen Jungen und Mädchen gleichermaßen. Uns scheint Ton be-

sonders geeignet, um ihn auf einem eigenen Tisch im Werkraum anzubieten. Dann suchen auch die Mädchen den Werkraum auf und werden animiert, mit Holz zu arbeiten. Arbeiten mit Holz sind nach unserer Erfahrung eine Möglichkeit, die »Sortierung« nach Geschlechtern in den Funktionsräumen – im Bewegungsbereich eher die Jungen, im Kreativbereich eher die Mädchen – zu überwinden. Damit sich Jungen und Mädchen allseitig entwickeln können, wollen wir im Rahmen des Hamburger Raumgestaltungsprogramms alle Funktionsräume gleichermaßen attraktiv für beide Geschlechter gestalten.

Um sich nicht zu verletzen, müssen die Kinder den Umgang mit Werkzeugen nicht nur erklärt bekommen, sondern auch in der Lage sein, die dabei entwickelten Regeln zu beherzigen. Es sind deshalb meist ältere Kinder, die in der Werkstatt arbeiten. Sie »sortieren« sich eher nach dem Alter als nach dem Geschlecht.

Um Unfälle zu vermeiden, muss die Werkstatt funktionell ausgestattet sein, entweder mit einer Werkbank oder einem Werktisch mit Schraubzwingen. Die Regel lautet dann: Holz wird nur gesägt, wenn es vorher in den Schraubstock eingeklemmt wurde.

Um das Material für den Werkraum zu beschaffen, kann man bei Tischlern oder Hobbybastlern unter den Eltern nachfragen, ob sie der Kita Holzreste überlassen. Baumärkte sponsern Kitas in der Regel in kleinem Umfang gern. Für Projekte, für die Baumstämme, Bretter usw. gebraucht werden, sind Kontakte zu Forstämtern und Bauhöfen nützlich. Eine Sammlung von Zweigen und Ästen sollte nicht fehlen. Abschnitte von Baumstämmen eignen sich gut, um das Einschlagen von Nägeln zu üben.

Wenn die Kinder selbständig mit Holz umgehen sollen, ist es wichtig, auf die Beschaffenheit des Holzes zu achten. Es darf nicht zu hart und unhandlich sein. Für den alltäglichen Umgang bieten sich schmale Holzleisten an, die von den Kindern zurechtgesägt werden können, und alle möglichen Holzabschnitte, die von ihnen zusammengenagelt und geleimt werden. Ebenso wie im Atelier können die Kinder das meiste kostenlose, gesammelte Material wie Kronkorken, Weinkorken, Woll- und Stoffreste, Verpackungen, Pappröhren und Bierdeckel viel besser gebrauchen als gekauftes Material. Was man kaufen muss, sind Draht, Nägel und Schmirgelpapier. Am Werkzeug sollte allerdings nicht gespart werden. Nur mit qualitativ hochwertigem Werkzeug können die Kinder gut arbeiten.

Nicht nur zur Vermeidung von Unfällen, sondern auch für den Erhalt der Werkzeuge ist es wichtig, dass die Kinder in die Handhabung eingeführt werden.

Für die Lagerung empfehlen wir ein großes Brett an der Wand (oder eine Lochrasterplatte). Daran werden Werkzeuge aufgehängt. Es hat sich bewährt, die Werkzeuge mit einem schwarzen Filzstift zu umfahren, so dass die Kinder erkennen können, wohin sie die Werkzeuge hängen müssen.

Auch Werkräume oder Werkecken haben eine doppelte Funktion: Sie sollen es den Kindern ermöglichen, selbständig dreidimensional zu gestalten und für Erzieher/innen die Hindernisse bei der Organisation kreativer Aktivitäten beseitigen.

## Planungshilfen für Ateliers

**1. Räumliches**

- Ein Raum mit möglichst viel Tageslicht.
  Wichtig: Wasseranschluss in Erwachsenenhöhe

**2. Ausstattung**

2.1 Arbeitsflächen

- Arbeitsplatten an den Fenstern statt Fensterbänken
- Tische (evtl. höhenverstellbar)
- Malwand
- Staffeleien
- Freifläche für Arbeiten auf dem Boden
- keine Stühle, evtl. Hocker

2.2 Lagerflächen

- offene Regale (30 cm tief) für Materialien
- ein offenes Regal (50 cm tief) für große Papierformate
- Schrank oder Regal mit geschlossenen Flächen für die Aufbewahrung von Vorräten, d.h. mit Türen, Schubladen, Rollwagen oder Containern
- Turm mit bis zu 30 Malbrettern, die gleichzeitig zum Trocknen von Bildern, von Tonarbeiten usw. dienen

2.3 Wasseranschluss

- Becken (Länge 70 cm, Breite 50 cm, Tiefe 23 cm)
- Ablaufbrett neben dem Becken
- Lattenrost unter dem Becken
- Handtuchhalter und Seifenhalter bzw. Seifenspender
- Wäschespinne zum Trocknen von Lappen usw.

2.4 Materialien (Grundausstattung)

- Papier in verschiedenen Formaten, Stärken, Farben und Qualitäten

- Gesammeltes wie Bonbonpapier, Steine, Muscheln, Reste von Stoff, Fell, Schleifenband, Wolle, Korken, Knöpfe, getrocknete Blüten, kleine Haushaltsgegenstände, Verpackungsmaterial
- durchsichtige Behälter zur Aufbewahrung des Gesammelten, zum Beispiel gebrauchte Gläser und Verpackungsmaterial aus Kunststoff
- Scheren und Klebstoff
- Malstifte – mehr dicke und weiche als dünne und harte –, Anspitzer und Behälter, in denen die Stifte farblich sortiert sind
- Malkreiden und offene Behälter, für jüngere Kinder farblich sortiert
- flüssige Farben, d.h. Wasserfarben, besser noch Temperafarben, Acrylfarben, Pigmentfarben (gebunden mit angerührtem Kleister), evtl. auch Aquarellfarben
- Pinsel – wenig dünne, viele mittlere und dicke Flach- und Rundpinsel
- gebrauchte Gläser für Wasser und Gläser mit Schraubverschluss zum Aufbewahren von nicht verbrauchten Farben
- Lappen für Pinsel und Hände
- Malkittel, zum Beispiel alte Oberhemden mit *kurzen Ärmeln*
- Abdeckungen wie Wachstuchdecken halten wir nicht für nötig. Die Tische sollten Spuren der Aktivität der Kinder tragen dürfen. Man kann Abdeckungen für Arbeiten auf dem Boden nutzen
- angerührter Kleister
- Ton
- Sand

**3. Akustik**

- In funktional eingerichteten Ateliers herrscht in der Regel eine ruhige Arbeitsatmosphäre. Dennoch macht die Lebhaftigkeit der Kinder die Grundausstattung mit einer Schallschutzdecke nötig.

**4. Beleuchtung**

- Anstelle von Rasterleuchten direkt unter der Decke sollten die Beleuchtungskörper »abgependelt« sein und die Arbeitsflächen beleuchten. Optimal sind Lampen, die sowohl nach unten als auch nach oben strahlen. Bis auf eine Lampe über dem Wasseranschluss sollte man im Atelier keine Wandleuchten einplanen, da die Wandfläche für Regale usw. benötigt werden. Spots eignen sich weniger als Arbeitsleuchten, sondern eher als Extra-Leuchten für Pinnwände, über Bilderleisten oder anderen Ausstellungsflächen. Wichtig sind Leuchtmittel mit einer guten Farbwiedergabe der Qualität 1A.

**5. Farbe**

- Bei der Vielfarbigkeit der Materialien ist weiß die geeignete Wandfarbe. Sie bietet auch den neutralen Hintergrund für Bilder usw.

**6. Ästhetik**

- Im Atelier und im Werkraum müssen die Kinder Spuren hinterlassen dürfen. Angesichts der vielen unterschiedlichen Nutzer ist es allerdings auch notwendig, eine gewisse Ordnung und Übersicht – und damit auch Ästhetik – immer wieder herzustellen. Dafür können nicht die Kinder, dafür müssen die Erwachsenen zuständig sein.

**7. Inhaltliches**

- Wünschenswert ist eine Auseinandersetzung mit Materialien, Werkzeugen und Techniken zur Kreativitätsförderung, insbesondere mit Farben, Kleister, Ton, Sand und Holz.
  Es sollte inhaltlich geklärt werden, was es bedeutet, im Atelier und im Werkraum zuständig zu sein für Materialbeschaffung, Aufräumen, Aufsicht, Angebote, Projekte, Beobachtungen und Dokumentation.

**8. Organisatorisches**

- Im Rahmen der offenen Arbeit ist es in der Regel unproblematisch, eine Erzieherin zu finden, die mit den Kindern gern im Atelier arbeitet. Es stellt sich eher das Problem, dass sich mehrere Kolleginnen nur für den kreativen Bereich und weniger für Bewegung, Rollenspiel usw. interessieren. In diesem Fall sollte im Team eine einvernehmliche Lösung gesucht werden, die eine verbindliche Absprache über die Zuständigkeit *einer* Erzieherin und die Regelung der Vertretung einschließt. Die Öffnungszeiten der Räume werden häufig im Zusammenhang mit dem Aufräumen problematisiert. Bei den Werkräumen kommt noch die Angst vor Unfällen durch den nicht bestimmungsgemäßen Gebrauch der Werkzeuge hinzu. Die Öffnungszeiten brauchen jedoch nicht eingeschränkt zu werden, wenn die Regeln der Nutzung mit den Kindern besprochen und an den Kindern orientierte Ordnungssysteme angeboten werden. Die Zahl der Kinder kann sich durch die Anzahl der Arbeitsplätze selbst regulieren.

**9. Regeln**

- Zum Beispiel sollte mit den Kindern besprochen werden, dass sie Malkittel anziehen, bevor sie mit flüssigen Farben malen.

**10. Einbeziehung der Eltern**

- Eltern können durch schriftliche Informationen, durch gemeinsame Aktionen im Atelier sowie durch Dokumentationen und Ausstellungen der Arbeiten der Kinder einbezogen werden.

**11. Absprachen zwischen den Mitarbeiterinnen im Hausbereich und den Pädagogen**

- Die Pädagogen und die hauswirtschaftlichen Mitarbeiter/innen müssen sich sowohl darüber verständigen, dass die Kinder »Spuren« hinterlassen dürfen, als auch darüber, wie das Saubermachen erleichtert werden kann.

**12. Verschiedenes**

- Bilderleisten und Ausstellungsvitrinen für die Arbeiten der Kinder.
  Zeichenpapierschrank zur Aufbewahrung von Kinderarbeiten und Dokumentationen.

## Planungshilfen für den Werkraum

**1. Räumliches**

- Wegen der Geräuschentwicklung sollte sich die Gelegenheit zum Werken möglichst nicht mit dem Atelier in einem Raum befinden.

**2. Ausstattung**

2.1 Arbeitsflächen

- Tische
- Werkbänke
- keine Stühle oder Hocker

2.2 Lagerflächen

- offene Regale (30 cm und 50 cm tief) für Materialien
- Lochrasterplatte für Werkzeuge

2.3 Materialien und Werkzeuge (Grundausstattung)
- Holzabschnitte in verschiedenen Größen und Stärken
- Gesammeltes, z.B. Kronkorken, Federn, Zweige, Schachteln und sonstiges Verpackungsmaterial
- verschiedene Sorten von Nägeln
- Holzleim
- Sägen
- Hämmer
- Zangen
- Handbohrer
- Draht

**3. Akustik**
- Da es in Werkräumen laut werden kann, ist auf jeden Fall eine Schallschutzdecke notwendig. Am besten werden die Wände mit Sajade beschichtet.

**Zu allen anderen Punkten: Siehe Planungshilfen Atelier.**

**Ausgewählte Literaturempfehlungen für Erzieherinnen von Krippen-, Elementar- und Hortkindern:**

**Brigitte Sommer**: Tausend-Fühler. Kreativität in Krippe und Kindergarten, Luchterhand Verlag Neuwied, Berlin und Kriftel, 1993.

**Rudolf Seitz**: Kunst in der Kniebeuge. Ästhetische Elementarerziehung, Don Bosco Verlag, 1997, 9. Auflage

**Gerd Grüneisl**: Kunst & Krempel. Fantastische Ideen für kreatives Gestalten mit Kindern, Jugendlichen und Erwachsenen, Ökotopia Verlag Münster, 1998.

**Brigitte Sommer**: Kinder mit erhobenem Kopf. Kindergärten und Krippen in Reggio Emilia/Italien, Luchterhand Verlag Neuwied, Berlin und Kriftel, 1999.

# Kita als Lernwerkstatt durch Gelegenheit zum Bauen

Es gibt viele Möglichkeiten, Raum zum Bauen zu schaffen. Der Platz, den die Kinder zum Bauen haben, hängt nicht nur von den vorhandenen Quadratmetern ab, sondern auch von der Einstellung der Erwachsenen zu dieser kindlichen Tätigkeit. Otto Friedrich Bollnow spricht davon, »dass der Mensch in seinem Leben immer und notwendig durch sein Verhalten zu einem umgebenden Raum bestimmt ist«.[1]

Welche konkrete Bedeutung der Raum für das Kind hat, schildert Günther Regel: »Raum ist für das Kleinkind, was vor, hinter, neben und über ihm ist, was sich von ihm aus in verschiedene Richtungen ausdehnt und ausbreitet, ist die durch die Gegenstände begrenzte und gegliederte Umgebung, in der sich etwas abspielt. Wo nichts ist, wo nichts geschieht, da ist für das Kind auch kein Raum. Der wird aber erfahrbar und belebbar, wenn es selbst Raum schafft, indem es ihn durch seine Bauwerke begrenzt und ihn benutzt, ihn mit Leben erfüllt, sich in ihm bewegt, ihn dabei von innen erfasst, ihn ertastet, ihn durchkriecht, ihn als zu klein oder groß genug, als niedrig oder hoch, als offen oder geschlossen, als hell oder dunkel, als sich durch das hereinfallende Licht für das Auge verwandelnd erfährt, das Drinnen und Draußen auch hörend wahrnimmt.«[2]

In den vorangegangenen Kapiteln wurden die Möglichkeiten geschildert, mit Großbaumaterial selber Räume zu schaffen. Anders als mit den klassischen Holzbausteinen können sich die Kinder mit Brettern, Kisten, Decken, Reifen oder Schläuchen von anderen Räumen und Menschen abgrenzen. Die Großbaumaterialien müssen zum eigenen Körpermaß in Beziehung gesetzt werden. Sie machen Raum- und Lagebeziehungen am eigenen Leib erlebbar. Die Größe der Bauten erlaubt nicht nur das Zusammenspiel mehrerer Kinder, sondern fordert es geradezu heraus. Man könnte sich also auf den Standpunkt stellen, dass ein Angebot von Großbaumaterialien im Bewegungsraum und/oder Rollenspielbereich ausreichend ist, um der kindlichen Lust am Bauen Rechnung zu tragen.

Wenn man dem Bauen so viel Aufmerksamkeit widmet wie die Kita Hohenzollernstraße in Berlin-Lichtenrade, kann man auch umgekehrt argumentieren. In dieser Kindertagesstätte wird situationsorientiert, altersgemischt und offen, in Funktionsräumen, gearbeitet. Unter den Funktionsräumen nehmen die Bauräume eine besondere Stellung ein. Sie sind Bewegungs-, Rollenspiel-, Werk- und Bauräume in einem. Es gibt zwar kleine Rollenspielecken, einen großen Be-

---

1 *Otto Friedrich Bollnow: Mensch und Raum. Verlag W. Kohlhammer Stuttgart, Berlin, Köln 1963, S. 23*

2 *Günther Regel: Bildnerische Erziehung. In: Lehrbuch für die medizinische Fachschulausbildung. Hsg. Schmidt-Kolmer, Verlag VEB Volk und Gesundheit, Berlin 1989, S. 196, zitiert nach Brigitte Sommer: Tausend-Fühler, Luchterhand Verlag, Neuwied, Kriftel, Berlin 1993, S. 68*

wegungsraum und auch einen separaten Werkraum. Aber diejenigen Räume, in denen die Kinder das am besten verwirklichen können, was das Kita-Team anstrebt, nämlich eine Verbindung von Körper-, Material- und Sozialerfahrungen, sind die Bauräume. In den drei Bereichen, in denen in der Kita gearbeitet wird, gibt es jeweils einen Bauraum. Jeder Bauraum ist mit einer Fülle unterschiedlicher Materialien ausgestattet. Neben Großbausteinen, gekauften und selbst angefertigten Holzbausteinen in allen erdenklichen Größen und Formen, zersägten Teppichrollen und anderem kostenlosen Material, fielen uns bei einem Besuch vor allem die vielen gesammelten Steine und hinreißende Fotos auf. Sie dokumentierten die Aktivitäten der Kinder in den Bauräumen und erzählten von den Projekten. Auf einigen Fotos waren interessante Bauwerke zu sehen, die den Kindern als Anregung für ihre Bautätigkeit dienen sollten.

Unter der Voraussetzung, dass es nicht möglich ist, für einen überschaubaren Bereich, sagen wir zwei Gruppen – das sind in Hamburg 44 Kinder –, jeweils einen eigenen Bewegungsraum, einen eigenen Rollenspielbereich und

einen eigenen Bauraum einzurichten, kann man zum einen überlegen, statt eines Bewegungsraumes für beide Gruppen einen Bauraum zu schaffen. Die Materialien darin animieren zum Bauen und kleinräumigen Bewegen[3]. Es fehlt dann allerdings ein Raum, in dem die Kinder ihr Bedürfnis nach großräumiger Bewegung befriedigen können, insbesondere danach, zu schwingen und zu springen.

Zum anderen ist es überlegenswert, auf den Rollenspielraum zugunsten eines Bauraums zu verzichten. Aufgrund der engen Verbindung zwischen Bauen und Rollenspiel, die sich aus der Nachahmung von Erwachsenentätigkeiten ergibt, spielen die Kinder in einem Bauraum, der mit Großbaumaterialien ausgestattet ist, Rollenspiele, vor allem Wohn- und Familienspiele sowie Spiele aus der Arbeitswelt. Wenn es keinen eigenen Rollenspielraum gibt, heißt das aber, dass eine Reihe von Angeboten zum darstellenden Spiel nicht ständig verfügbar sein können.

Neben der entscheidenden Platzfrage kommt es, wie gesagt, auf die Einstellung der Erzieher/innen gegenüber den verschiedenen kindlichen Betätigungsmöglichkeiten an. Sie müssen überlegen, welche Themen ihnen wichtig sind, oder in welche sie sich hineinvertiefen wollen (und können). Wir möchten hier die Argumente zusammentragen, die für die Einrichtung eines eigenen Bauraumes sprechen und einige Anregungen zu seiner Gestaltung geben.

Beim Bauen setzen sich die Kinder mit der Welt, wie sie von den Erwachsenen geschaffen wurde – in diesem Fall mit der gebauten Umwelt – auseinander. Bei Bauspielen beschäftigen sich die Kinder mit geometrischen Körpern und berücksichtigen physikalische Gesetze. Ihre Tätig-

3 *Siehe dazu: Klaus Miedzinski: cubito. Der Baukasten zum Bauen und Bewegen, Spielen und Gestalten. Broschüre und Videofilm zu beziehen über: Klaus Miedzinski, Händelstr. 48, 38106 Braunschweig, Fax: 0531/340180.*

keit wird in hohem Maße durch logische Operationen wie Synthese (Zusammensetzen) und Analyse (Zerlegen) sowie durch Vergleichen, Schlussfolgern und In-Beziehung-Setzen bestimmt. Bauen mit vorgegebenen Steinen bringt schnell sichtbare Ergebnisse. Dieser Aspekt ist wichtig. Deshalb ist eine gute Mischung der Baumaterialien von Bedeutung. Sie sollten, dem Alter und Entwicklungsstand der Kinder entsprechend, sowohl aus großen als auch aus kleinen Bausteinen bestehen. Glatte, systematisch zusammensetzbare Steine muss es ebenso geben wie unregelmäßige Formen, also Baumscheiben, Rinde, Äste, Zweige und Holzabfälle, die die Fantasie der Kinder beflügeln.

Kleine Kinder bauen breit in den Raum hinein. Für das erste Bauen haben sich lange Hölzer sehr bewährt. Damit sie schnell ein Ergebnis sehen, brauchen kleine Kinder große Bausteine. Allerdings dürfen die Steine nicht zu unhandlich sein. Krippenkinder können am meisten mit einer Bauecke anfangen, die aus einem Bauwagen mit so genannten Großbausteinen besteht.

*Großbausteine* sind große Bausteine aus Vollholz, die an der Fröbelschen Tradition anknüpfen. Der Grundbaustein setzt sich aus drei Lagen zusammen, wobei die mittlere Schicht aus zwei Holzleisten an den Rändern besteht. Die Mitte wird ausgespart. So hat er ein großes Volumen, bildet aber keinen Hohlkörper. Hohlbausteine haben sich als zu laut erwiesen. Aufgrund der Aussparung in der Mitte können kleine Kinder die großen Bausteine gut greifen. Für Krippenkinder haben wir Großbausteine konstruiert,

die etwas kleiner und leichter sind als für Elementarkinder.[4] Auch der Bauwagen hat eine besondere Form. Er ist nur an drei Seiten geschlossen. Die Vorderfront wurde weggelassen, so dass die Kinder die Bausteine sehen und sie gut aus- und einräumen können. Der Wagen wird natürlich auch gerne für Zieh-, Schiebe- und Fahrspiele genutzt.

Ebenso wie Krippenkinder lieben auch Kinder im Vorschulalter Bauwagen. Kästen mit und ohne Rollen lassen sich so vielseitig verwenden wie die Kinder es brauchen, als Sitzgelegenheit oder als Rampe, als Fahrzeug oder als Puppenbett.

Nicht nur Krippenkinder, sondern auch viele ältere Kinder können mit Großbausteinen mehr anfangen als mit den traditionellen Holzbausteinen. Neben dem klassischen Würfel, der zweiten Baugabe Friedrich Fröbels, handelt es sich um den Quader mit den Maßen 68x34x17 Millimeter.[5] Die Abmessung im Verhältnis 1:2:4 machen den Quader zu einem Grundbaustein, der halbiert oder verdoppelt, als halber Baustein oder Latte, zwar die vielfältigsten Kombinationsmöglichkeiten bietet, aber wegen seiner geringen Größe auch die Geduld der Kinder strapaziert. Manche Kinder im Vorschulalter legen zwar die dafür benötigten »Arbeitstugenden«, wie es in der älteren Entwicklungspsycho-

4 *Eine Bezugsquelle finden Sie auf Seite 171*

5 *Lore Thier-Schröter/Renate Diedrich: Kinder wollen bauen. Don Bosco Verlag, München 1995*

logie hieß, also längere Konzentration und Aufmerksamkeit sowie »ein wachsendes Gefühl der Verpflichtung gegenüber selbst gestellten Aufgaben«[6], an den Tag. Vielen Kindern fällt es jedoch schwer, mit kleinen Steinen zu bauen, vor allem, wenn sie dabei mit anderen Kindern zusammen spielen. Lore Thier-Schroeter und Renate Diedrich bemerken deshalb angesichts einer von ihnen über vier Jahre begleiteten Kindergruppe: »Es bedeutet schon einen über Jahre währenden Lernprozess, bis man gemeinsam so friedlich, den kleinsten Platz nutzend, an einem Schloss oder einer Burg bauen kann«.[7]

Diese Argumente treffen noch viel stärker auf die mit großem Werbeaufwand vermarkteten Systembausteine aus Kunststoff zu. Dieses Spielzeug fördert nicht nur, wie Wolfgang Mahlke und Norbert Schwarte meinen, »die Tendenz zum Erwerb von immer mehr Elementen zu immer großartigerer Ausstattung«.[8] Bedauer-

---

6 *Lotte Schenk-Danziger: Entwicklungspsychologie. Österreichischer Bundesverlag für Unterricht, Wissenschaft und Kunst, Wien 1972, S. 99*

7 *Lore Thier-Schröter/Renate Diedrich: a.a.O., S. 33f*

8 *Wolfgang Mahlke/Norbert Schwarte: Raum für Kinder. Beltz Verlag, Weinheim und Basel 1989, S. 85*

lich finden sie vor allem, »wenn Bauspiele auf das Zusammensetzen oder Zusammenstecken von Elementen reduziert werden. Die Mannigfaltigkeit des Bauens und der Baustoffe gelangt so nicht in den Blick und der mechanische Vollzug der konstruktiven Tätigkeit fördert logisches Denken, anders als es die Herstellerprospekte glauben machen wollen, ebenso wenig wie Handgeschicklichkeit und Kreativität«.[9]

Wir haben immer wieder festgestellt, dass Kinder erst im Schulalter ausgiebig mit solchen kleinen Systembausteinen spielen. Bevor man jedoch in der Kita Schulkindern dieses Spielzeug anbietet, über das sie ja zu Hause oft auch verfügen, wäre noch ein kritischer Einwand von Wolfgang Mahlke und Norbert Schwarte zu bedenken. Sie sind der Meinung, dass den Kindern Bausteine lange über die Zeit hinaus angeboten werden, in der sie ihren Sinn haben. »Die Überdehnung der Bauspielzeit liegt nicht zuletzt am Mangel solider kindgerechter handwerklicher Aufgaben«.[10]

Es wäre interessant zu beobachten, ob überhaupt, und wenn ja, welche Schulkinder in einer Lego-Ecke spielen würden, wenn gleich daneben eine Werkbank wäre. Wir sind davon überzeugt, dass man auf Systembausteine aus Kunststoff in der Kindertagesstätte gut verzichten

9 *Wolfgang Mahlke/Norbert Schwarte, a.a.O., S. 86*
10 *Wolfgang Mahlke/Norbert Schwarte, a.a.O., S. 86*

kann. Gesammeltes Material, zum Beispiel ungewöhnlich geformte kleine Holzabfälle aus einer Tischlerei oder vom Drechsler, kann für kleine Kinder interessanter sein als die in Plastik gegossenen Spielfiguren. Man kann versuchen, auch älteren Kindern statt teurem Spielzeug Zeug zum Spielen anzubieten. Im Schulalter verschieben sich die Interessen jedoch in der Regel zugunsten kommerzieller Angebote.

Auf traditionelle Holzbausteine in einfachen, geometrischen Formen sollte man dagegen nicht verzichten. Ihrem Entwicklungsstand entsprechend, können die Kinder mit kleinen, kompakten und leichten Bausteinen, wie Ziegeln, Würfeln, Prismen (Dachform) oder Zylindern (Säulen) ihre Umwelt nachgestalten und immer komplexere Bauwerke errichten. Eine bedeutsame Funktion hat die Menge des Materials. Es ist auch die – übersichtliche – Materialfülle, die die Kinder zum Bauen reizt. Sie brauchen Ruhe, um sich zu konzentrieren, Platz, um sich frei zu bewegen und die Sicherheit, dass ihre Bauwerke stehen bleiben können.

In jedem Bauraum sollte es Podeste in Stufenhöhe geben, nicht niedriger als 15 Zentimeter und nicht höher als 40 Zentimeter. Diese Podeste kann man auch selbst herstellen, indem man Tische nimmt und die Beine absägt. Die höheren Podeste bieten Stauraum für die Kästen mit dem Material. Ein Baupodest lässt sich als erste

Stufe einer Spielpodestlandschaft konstruieren. Es kann auch als Bühne und Versammlungsort genutzt werden. Anders als Bauteppiche, die nur die Fläche zum Bauen ausweisen, bildet das Podest einen Raum im Raum. Während die Grenze, die der Teppich markiert, leicht übersehen wird, kann die Stufe des Podests, von denjenigen die stören könnten, deutlich wahrgenommen und deshalb auch respektiert werden. Auf Podesten können Bauwerke stehen bleiben.

Fest eingebaut, eignet ein Podest sich dazu, einen Teil des Raumes von einem Verkehrsweg so abzutrennen, dass die Kinder auf dem Podest ungestört bauen und den Platz rundum dann nutzen können, wenn er nicht zu stark frequentiert wird. Man kann den Bauraum auch mit einem oder mehreren (beweglichen) Podesten – in diesem Fall in unterschiedlichen Höhen – ausstatten und ihn damit modellieren.

In vielen Bauräumen steht den Kindern nur eine Ebene, der Fußboden, zum Bauen zur Verfügung. Die Wände sind leer, weil sich die Kästen mit dem Baumaterial auf dem Boden befinden. Ein solcher Raum wirkt oft kahl und hässlich. Aufgrund großer, schallreflektierender Flächen ist es dort häufig sehr laut. Wir empfehlen deshalb, den Fußboden mit Kork oder Teppich auszulegen. An der Decke sollten Schallschutzplatten angebracht werden. In kleinen, hohen Räumen kann man den Schall durch eine abgehängte Decke dämpfen, die so entsteht: Bambusstäbe oder dünne Äste liegen auf einem Rahmen auf, der an den Wänden befestigt wird. Dabei sollte man darauf achten, dass die Stäbe nicht ausschließlich regelmäßig angeordnet sind, sondern dass es auch, dem natürlichen Material entsprechend, unregelmäßige Abstände gibt.

Gardinen tragen ebenfalls zu einer besseren akustischen Atmosphäre bei. Sie gehören zu den wenigen weichen Materialien im Bauraum. Deshalb würden wir sie auch zusätzlich zu schallabsorbierenden Decken und Böden anbringen.

Nicht nur, um die Akustik zu verbessern, aber auch deshalb, sind Regale im Bauraum nützlich. Dabei gehen wir davon aus, dass die Kinder die vielen unterschiedlichen Baumaterialien auch deswegen wahrnehmen können, weil sie immer wieder sortiert und auf den Regalen präsentiert werden. Um Sammlungen anzulegen, braucht man ebenfalls Platz auf Regalen. Aus der Reggio-Pädagogik stammt die Idee, die Platte eines Tisches mit einem Spiegel zu bekleben, der dazu anregt, Landschaften zu bauen, in die das Spiegelbild einbezogen wird.

Damit die Kinder ihre Bauwerke von allen Seiten sehen können, sollte ein schräg gestellter Spiegel im Bauraum nicht fehlen. Die verbleibenden Wandflächen können genutzt werden, um Abbildungen interessanter Gebäude aufzuhängen. Dazu zählen historische Bauten ebenso wie den Kindern vertraute Gebäude in ihrer näheren Umgebung. Besonders anregend sind Fotos von Rohbauten. Solche Fotos könnten zum Beispiel im Rahmen eines Projekts gemacht werden, in dessen Verlauf die Kinder eine Baustelle besuchen.

Motivierend auf ihre Bauvorhaben wirken sich auch großformatige Fotos von gelungenen Bauwerken der Kinder aus.

Im Bauraum sollte das künstliche Licht nicht von oben, sondern von der Seite leuchten, damit die Vertikale (Senkrechte) betont wird und die Dinge plastisch erscheinen. Eine diffuse Beleuchtung von oben verhindert die Schattenbildung. Man braucht Wandleuchten mit einem gebündelten Lichtstrahl, durch den sich Schatten bilden können, um die Körperhaftigkeit von Gegenständen differenziert wahrzunehmen. Dafür eignen sich in der Regel Halogen-Lampen. Sie sollten nicht blenden und da angebracht werden, wo die Kinder das Licht brauchen, also nicht zu weit oben an der Wand.

Aufgrund der großen Menge an Holz, die sich im Bauraum befindet, muss eine Farbe für die Wände gefunden werden, die mit Holz sowohl kontrastiert als auch harmoniert. Die Farbtöne vom Kürbis entsprechen dieser Vorstellung.

In Bauräumen, die zu hoch sind, gibt es außer der vorher erwähnten Möglichkeit, die Decke abzuhängen, noch einen Trick, um den Raum harmonischer wirken zu lassen: Man streicht die Wände nicht bis zur Decke, sondern nur bis zu drei Fünfteln seiner Höhe oder – je nach Raumgröße – bis knapp oberhalb oder unterhalb der Türzarge. Es geht dabei nicht darum, dass der Raum niedriger, sondern dass er besser proportioniert wirkt - und zwar im Verhältnis zur überwiegenden Position der Kinder in diesem Raum, nämlich auf dem Fußboden hockend oder sitzend zu bauen. Die intensive Nutzung des Fußbodens beim Bauspiel ist ein wichtiger Ansatzpunkt für die Überlegung, welche Mittel zur Raumgestaltung in welcher Weise eingesetzt werden sollten.

Möglicherweise war es ein Zufall, dass in der Berliner Kita Hohenzollernstraße, derjenige, der den ersten Bauraum übernahm, ein männlicher Erzieher war. Uns scheint jedoch das Thema Bauen in der Kita ein eher wenig berücksichtigter Bereich zu sein. Die Gründe sind sicherlich vielfältig. Es hat aber wohl auch damit zu tun, dass der überwiegende Teil der Erzieher weiblich ist und für viele Erzieherinnen die Erwachsenentätigkeiten, auf die sich das Bauspiel bezieht, kein reizvolles Thema sind. Zwar steigt der Anteil der Frauen, die so genannte »Männerberufe« ergreifen, was besonders für die alten Bundesländer erwähnenswert ist und für eine allmähliche »Aufweichung« der starren Trennung zwischen Männer- und Frauenberufen spricht. Nach unserem Eindruck hat dieser gesellschaftliche Wandel die Erzieherinnen in den Kitas aber noch nicht erreicht. Wenn sie ein verstärktes Interesse an Konstruktionsspielen entwickeln würden, entfiele sicherlich ein wichtiges Hindernis für die Mädchen, sich diesen Spielen zuzuwenden.

Dass die Bauecke die Domäne der Jungen ist, hat sich bis heute kaum verändert. Vor allem, wenn zu wenig Platz für alle Kinder, die bauen wollen, da ist, siegt mit den Jungen oftmals das »Recht des Stärkeren«. Manchmal liegt es am Territorialverhalten: Die Jungen verteidigen »ihre« Bauecke gegen die Mädchen, die den Jungen Zutritt in »ihrer« Rollenspielecke verwehren. Es kann auch sein, dass den Mädchen bestimmtes »Belebungsmaterial« – ein häufig verwendeter, aber merkwürdiger Begriff, den wir verwenden, weil uns auch kein besserer einfällt – fehlt, da sie das Bauen stärker mit Rollenspielen beziehungsweise mit anderen Rollenspielen verbinden als die Jungen.

Viel Platz zum Bauen, ein differenziertes Materialangebot und eine Atmosphäre, die die Sinne anregt, sind sicherlich wichtige Voraussetzungen dafür, dass das Spektrum der Betätigungsmöglichkeiten der Mädchen um das Bauen erweitert wird. Von ausschlaggebender Bedeutung aber wird sein, ob eine Erzieherin oder ein Erzieher sich für den Baubereich zuständig erklärt, also für Materialbeschaffung und das Aufräumen, für Beobachtungen und Angebote sowie für Projekte und Dokumentation.

Bei der Übernahme von Zuständigkeiten sind beide Vorgehensweisen möglich. Entweder interessieren sich die Erzieher/innen für Aspekte des Themas, zum Beispiel für das Sammeln von Material, weil sie gut organisieren können, oder sie erklären sich aus anderen Gründen für den Bauraum zuständig und setzen sich daraufhin mit dem Thema auseinander. Macht ihnen der handwerkliche Umgang mit Holz Spaß, so können sie die Verantwortung für den Werkraum mit der für den Bauraum kombinieren oder für die älteren Kinder im Bauraum eine Werkecke einrichten. Eine Beschäftigung mit den Gedanken Fröbels zum Spiel mit Holzbausteinen kann zu einem umfassenderen Verständnis der heute noch gültigen Aspekte dieses traditionsreichen Spielzeugs führen. Die Auseinandersetzung sollte durchaus kritisch sein. Zu fragen ist zum Beispiel nach dem Zwang zum Aufräumen, der von den Fröbelschen Kästen, wie es scheint, ausgeht. Deshalb ist es günstig, kleinen Kindern, die gern sortieren, nur Großbausteine in einem besonders konstruierten, offenen Bauwagen anzubieten und größeren Kindern kleine Steine in allen möglichen Kästen zur Verfügung zu stellen – und nicht darauf zu bestehen, dass die Steine systematisch eingeräumt werden. Die Fähigkeit älterer Kinder zur Systematisierung sollte vielmehr genutzt werden, um mit ihnen zusammen ein grobes Ordnungssystem für den Bauraum zu entwickeln. Auch wenn so ein System existiert, benötigen jüngere und neue Kinder die Unterstützung und Anleitung der Erwachsenen beim Aufräumen. Kitaerfahrene Kinder können dabei behilflich sein, die Neulinge in ein überschaubares Ordnungssystem einzuführen. Damit alle Kinder erleben, dass Einräumen und Aufräumen »Formen der Organisation des menschlichen Lebensbereichs (sind), in dem Raum für eine zweckmäßige Tätigkeit geschaffen wird«[11], brauchen sie Erzieher/innen, die genau darin den Sinn des Aufräumens sehen und sich von eventuellen eigenen schlechten Erfahrungen befreien können.

Es ist wichtig, mit den Eltern über die Bedeutung des Bauspiels für ihre Kinder ins Gespräch zu kommen. In der Regel ist es für sie selbstverständlich; sie haben zu Hause für das Material zum Bauen gesorgt, das ihnen geeignet erscheint. Vielleicht interessiert es sie, wie breit das Spektrum der Baumaterialien ist. Sie sollten stehen gebliebene Bauwerke ansehen können. Ein Elternnachmittag oder -abend im Bauraum ist

---

*11 Otto Friedrich Bollnow: Mensch und Raum. Verlag W. Kohlhammer Stuttgart, Berlin, Köln 1963, S. 37*

für sie sicherlich eine gute Gelegenheit, sich einen eigenen Eindruck davon zu verschaffen, was ihre Kinder im Bauraum alles machen können. Die eigene Anschauung bietet dann auch den geeigneten Anknüpfungspunkt, um die Eltern um ungewöhnliche Materialien zu bitten. Gar nicht so selten verfügen sie über interessante Quellen oder können helfen, welche zu erschließen.

Eventuell lassen sich auch die Kolleginnen aus dem hauswirtschaftlichen Bereich zum Sammeln anstiften und werden dadurch in die Ausgestaltung des Bauraumes einbezogen. Ansonsten muss mit dem Hausbereich nur abgesprochen werden, dass die Bauwerke stehen bleiben können.

## Planungshilfen für Bauräume

**1. Räumliches**
- Möglichst keine Durchgangsräume oder Flurecken, sondern ruhige, abgeschlossene Räume

**2. Ausstattung**
- Großbausteine
- Holzbausteine aus dem Fröbel-Bausortiment
- Holzabschnitte und Holzabfälle in regelmäßigen und unregelmäßigen Formen
- Baumscheiben, Rinde, Äste, Zweige
- kostenloses Material: Teppichrollen (zersägt), Schuhkartons, Teppichfliesen usw.
- Belebungsmaterial: Tiere aus Holz und aus Kunststoff, Autos, Figuren usw.
- Kästen zur Aufbewahrung des Materials und zu vielseitigem Gebrauch
- Regale als Stauraum für Kästen und zur Aufbewahrung von Sammlungen
- Podeste in Stufenhöhe, 15 cm bis 40 cm hoch, können improvisiert werden mit Tischen, denen man die Beine absägt.
- Spiegel, evtl. kleiner Spiegeltisch
- großformatige Fotos, zum Beispiel von gelungenen Bauwerken der Kinder, von interessanten Gebäuden und Baustellen
- Vitrine zur Präsentation von Sammelstücken wie besonderen Ziegeln, Mauersteinen und Fliesen

**3. Akustik**
- Damit es im Bauraum nicht hallt, sind in der Regel eine Akustikdecke und ein schalldämpfender Bodenbelag aus Kork oder Teppich notwendig. Da es sonst wenige weiche Materialien im Bauraum gibt, sind Gardinen sinnvoll.

**4. Beleuchtung**
- Statt Deckenbeleuchtung empfehlen wir im Bauraum eine Wandbeleuchtung, die Schatten bildet.

**5. Farbe**
- Zum vorherrschenden Material Holz sind als Wandfarben die verschiedenen Töne von Kürbissen passend.

**6. Ästhetik**

- Eine ästhetische Gestaltung des Bauraumes geht von der intensiven Nutzung des Fußbodens – für Belag, Modellierung und Licht – und vom vorherrschenden Material – für die Wandfarbe – aus. Interessante Mittel zur Raumgestaltung sind schräg gestellte Spiegel oder eine (beleuchtete) Eckvitrine, in der besondere Steine gesammelt werden.

**7. Inhaltliches**

- Wünschenswert sind die Auseinandersetzung mit den verschiedenen Materialien zum Bauen, mit der Fröbelschen Tradition des Bauspiels und ein Interesse am handwerklichen Umgang mit Holz. Es sollte inhaltlich geklärt werden, was es bedeutet, für Materialbeschaffung, Aufräumen, Beobachtungen, Angebote, Projekte und Dokumentation zuständig zu sein.

**8. Organisatorisches**

- Wenn es einen eigenen Bauraum gibt, muss geklärt werden, welche Erzieherin oder welcher Erzieher für Materialbeschaffung, Aufräumen usw. verantwortlich ist. Da genügend Platz vorhanden ist, muss die Zahl der Kinder nicht festgelegt werden.

**9. Regeln**

- Zu den Regeln, die mit den Kindern zusammen für den Bauraum aufgestellt werden sollten, gehört, dass Bauwerke stehen bleiben können.

**10. Einbeziehung der Eltern**

- Wenn Eltern besorgt sind, dass ihre Kinder »nur« bauen, kann ihnen die Bedeutung des Bauspiels durch schriftliche Erklärungen, Elternnachmittage oder -abende und Fotos vermittelt werden.

**11. Absprachen zwischen den Mitarbeiterinnen im Hausbereich und den Pädagogen**

- Die Mitarbeiter/innen im Hausbereich sollten darüber informiert werden, dass Bauwerke stehen bleiben können.

# Kita als Lernwerkstatt durch Gelegenheit für Wasserspiele

Bevor wir schildern, wie man einen ganz normalen Waschraum in einen einladenden Raum für Wasserspiele umgestalten kann, möchten wir Pädagogen und vor allem Architekten, die Sanitärräume in neuen Kitas planen, Hinweise geben, deren Berücksichtigung dazu führen würde, dass jeder Waschraum gleichzeitig ein Wasserspielraum wäre.

Zu den wichtigsten Gesichtspunkten gehört, welche Lage die Räume im Haus haben. Wenn möglich, sollten die Waschräume an einer Außenwand und nicht im Inneren des Gebäudes liegen. Innen liegende Sanitärräume sind ohne Tageslicht und nur mit künstlicher Beleuchtung häufig äußerst unattraktive Räume, in denen es schlecht riecht. Auch wenn sie nicht innen liegen, haben Sanitärräume selten Fenster. Sie werden mit Lichtbändern ausgestattet, weil man in diese Räume nicht hinein schauen können soll. Außerdem lässt sich auf diese Weise der Platz an den Wänden für Waschbecken, Handtuchhaken usw. nutzen, ohne weitere Überlegungen anstellen zu müssen.

Wir gehen demgegenüber davon aus, dass normale Fenster, die Licht und Luft hereinlassen, die Grundlage für eine angenehme Atmosphäre im Waschraum bilden. Entscheidend trägt dazu auch die bauliche Trennung der Toiletten von den Waschräumen bei.

Wie geschaffen für Wasserspiele sind Waschrinnen aus Porzellan oder Kunststoff. Sie werden nicht zusätzlich, sondern statt der Handwaschbecken, der Körpergröße der Kinder entsprechend in verschiedenen Höhen, angebracht. Im Vergleich zu den Handwaschbecken sind sie erheblich multifunktionaler zu nutzen. Sie sollten so lang sein, dass sie zwei Handwaschbecken ersetzen und so tief, dass man Wasser zum Spielen einlassen kann, ohne dass es gleich Überschwemmungen gibt. Bei den Waschrinnen für Krippen- und Elementarkinder muss darauf geachtet werden, dass sie nur so breit sind, dass die Kinder die Wasserhähne gut erreichen können.[1]

Optimal ist eine Sanitärsäule mit einer umlaufenden Waschrinne in der Mitte des Raumes oder ein Sanitärblock mit Waschrinnen auf beiden Seiten. Zum einen können die Kinder beim Spielen dann besser miteinander kommunizieren, zum anderen benötigt man auf diese Weise keinen Platz an den Wänden. Wenn eine solche Lösung nicht zu realisieren ist, kann man auf jeden Fall den Platz für die Handtuchhaken der Handtücher von 15 bis 25 Kindern sparen. Bis vor kurzem galt es – jedenfalls in kommunalen Kindertagesstätten in Hamburg – als unumstößlich, dass im Waschraum für jedes Kind ein eigenes Handtuch hängen muss. Inzwischen gibt es in vielen Kitas Papierhandtuchbehälter oder ein paar große Handtücher für alle Kinder,

1 *Eine Bezugsquelle für Waschrinnen finden Sie auf S. 171*

die ein- bis zweimal am Tag gewechselt werden. Abgesehen vom »Anstaltscharakter«, den die in Reih' und Glied aufgehängten Handtücher vermitteln, brauchen die vielen Handtuchhaken Platz, der dringend benötigt wird, zum Beispiel für ein Regal mit den notwendigen Materialien für Wasserspiele.

Wenn eine Dusche geplant ist, wie es das Hamburger Raumprogramm für Kindertagesstätten vorsieht, sollte sie nicht separat eingebaut, sondern als großes Duschbecken zum Planschen in den Waschraum integriert werden.

Damit die Kinder unbeschwert mit Wasser und Materialien experimentieren können, ist ein funktionierender Abfluss im Boden notwendig. Er ist die beste Arbeitserleichterung für die Erzieher/innen, vorausgesetzt, er ist so angelegt, dass das Wasser auch abfließt. Manchmal unvermeidliche Pfützen können von den Kindern selbst und von den Erzieher/innen mit einem Wasserschieber problemlos beseitigt werden.

Häufig werden Waschräume nicht richtig warm – jedenfalls nicht für Wasserspiele in der kälteren Jahreszeit. Deshalb sollte auf eine ausreichend dimensionierte Heizung geachtet werden. Am besten ist eine Fußbodenheizung.

Von vorneherein einplanen könnte man zum Beispiel noch folgende Extras: eine Wasseruhr zur Kontrolle des Wasserverbrauchs, um einen bewussten Umgang mit Wasser im Waschraum zu fördern; ein Bullauge in der Tür oder ein Periskop, für das man ein kleines Loch in der Wand braucht, um dadurch interessante Einblicke in den Waschraum zu gewähren.

## Wasserspielräume

Wie wird aber nun aus einem vorhandenen Waschraum ein Wasserspielraum? Fest steht: Jeder Waschraum bietet die Gelegenheit für Wasserspiele. Er könnte als stets vorhandenes Angebot von den Kindern den ganzen Tag genutzt werden, wenn da nicht die Bedenken der Erwachsenen wären: Wasserverschwendung, Rutschgefahr, Erkaltungen aufgrund nasser Füße, Elternproteste wegen durchnässter Kleidung und – nicht zuletzt – viel Arbeit beim Aufwischen, weil es keinen Abfluss im Boden gibt, durch den das Wasser ablaufen kann.

Den meisten Einwänden kann man durch einfache Maßnahmen Rechnung tragen. Dazu gehört, mit den Kindern zu besprechen, wie sie ihre Kleidung schützen. Es könnte mit ihnen verabredet werden, dass sie ihre Kleidung ausziehen, wenn sie im Waschraum mit Wasser spielen wollen. Dies wäre für sie einfacher, wenn es ein Regal mit Körben für die abgelegte Kleidung, für Badezeug oder Unterwäsche zum Wechseln gäbe. Gummimatten schützen davor, auszurutschen und wirken gleichzeitig isolierend, so dass die Kinder nicht so schnell kalte Füße bekommen. Auf jeden Fall muss mit den Kindern darüber gesprochen werden, dass sie nicht ständig das Wasser laufen lassen sollten. Deshalb ist ein passender Stöpsel für den Beckenabfluss das wichtigste Mittel gegen Wasserverschwendung. Als Schutz vor ungewollten Überschwemmungen dient ein Überlauf im Becken – oder ein entsprechender Stopfen.

Da Kinder leidenschaftlich gern mit Wasser spielen, versprechen wir uns von den Gelegenheiten zu Wasserspielen und zum Experimentieren im Waschraum zweierlei: Zum einen dürfen die Kinder nun das machen, was sie sonst heimlich tun, zum anderen wird durch den von Erwachsenen geförderten und begleiteten Umgang mit Wasser das Bewusstsein für die Bedeutung dieses Elements geschärft. Das kann dazu führen, dass in der Kita kein Wasser mehr durch tropfende Wasserhähne vergeudet wird.

Das Wasser wird nicht unnütz verbraucht, wenn die Kinder es schöpfen, umschütten, mit einem Schwamm aufsaugen oder mit einem Strohhalm blubbern lassen. Es ist ein unerschöpfliches Feld für physikalische Experimente, bei denen Kinder zum Beispiel erfahren, dass Wasser trägt und welche Kraft es haben kann. Ebenso vielfältig sind die Möglichkeiten, die Wahrnehmung der Kinder, vor allem ihr Gehör, anzuregen und ihren Wortschatz zu erweitern, indem sie sich mit den Geräuschen, die das Wasser hervorruft, beschäftigen und die Erzieher/innen ihnen die entsprechenden Begriffe nennen. Beim lustvollen Spiel mit Wasser kann man Geschichten erfinden und auf Fantasiereisen gehen. Für alle diese Aktivitäten brauchen die Kinder reichhaltiges Material, also Schöpfkellen, Becher, Schwämme, Strohhalme, Korken, Holzstücke, kleine Steine, Muscheln usw.

Um Eltern vom Sinn eines Wasserspielraums zu überzeugen, könnte man sie schon in die Planung einbeziehen. Wenn das nicht möglich ist, sollten die Erzieher/innen mit mündlichen und schriftlichen Erläuterungen um das Verständnis der Eltern werben. Vielleicht ist es einfacher, über ein paar gelungene Fotos von Wasserspielen der Kinder mit den Eltern ins Gespräch zu kommen. Es wäre praktisch, wenn die Eltern dazu beitragen würden, dass ihre Kinder im Waschraum unbeschwert spielen können, indem sie dafür sorgen, dass genügend Badezeug vorhanden ist. Oft lassen sie sich auch durch die Bitte um Materialspenden einbeziehen. Das kann nicht nur Material aus dem Haushalt sein, sondern auch Strandgut, das sie mit ihren Kindern in einem Urlaub am Meer sammeln.

Ein Einwand gegen die Gelegenheit zum Wasserspiel bleibt bestehen, wenn der Waschraum dafür baulich nicht ausgestattet ist, und zwar der Einwand, es entstehe dadurch zusätzliche Arbeit für die Mitarbeiter/innen in den Kitas, häufig weniger für die Erzieher/innen als für die Mitarbeiter/innen aus dem hauswirtschaftlichen Bereich. Diese Kolleginnen sollten so früh wie möglich informiert und in die Suche nach praktischen Lösungen einbezogen werden. Der arbeitserleichternde Abfluss im Boden wird sich nachträglich nur in seltenen Fällen einbauen lassen. Dagegen kann man die herkömmlichen Handwaschbecken ohne größere technische Probleme durch Waschrinnen ersetzen. Der finanzielle Aufwand lohnt sich. In den Hamburger Kitas, die Waschrinnen haben, lernten die Kinder schnell, mit dem Wasser in den Waschrinnen zu spielen und den Waschraum nicht unter Wasser zu setzen.

Gelegenheiten zum Spielen und Experimentieren mit Wasser sollten für Krippen- und Elementarkinder zum Standardangebot von Kindertagesstätten gehören. Gottfried Heinzelmann, einer der Gründer des Wassermuseum e.V. in Berlin, berichtet darüber, wie fasziniert auch Hortkinder von Wasserprojekten sind.[2] Seine Beispiele machen deutlich, dass sich alles, was man zum Experimentieren mit Wasser braucht, improvisieren lässt. Eine alte freistehende Badewanne ist ebenso geeignet wie ein Aquarium oder ein Wasser-Matsch-Tisch, den wir, wohl in Übereinstimmung mit Gottfried Heinzelmann, den Kindern nur für Wasserspiele und nicht gemischt mit Sand anbieten würden. Zum Matschen mit Sand und Wasser haben die Kinder in der Regel auf dem Außengelände Gelegenheit.

Zu einer Ausstattung des Waschraumes, die die Sinne anregt, gehören Spiegel, nicht nur über den Waschbecken oder Waschrinnen, sondern auch daneben und in unterschiedlichen

2 *Gottfried Heinzelmann: Ist der Waschraum nur zum Händewaschen da? In klein&groß, 6/99*

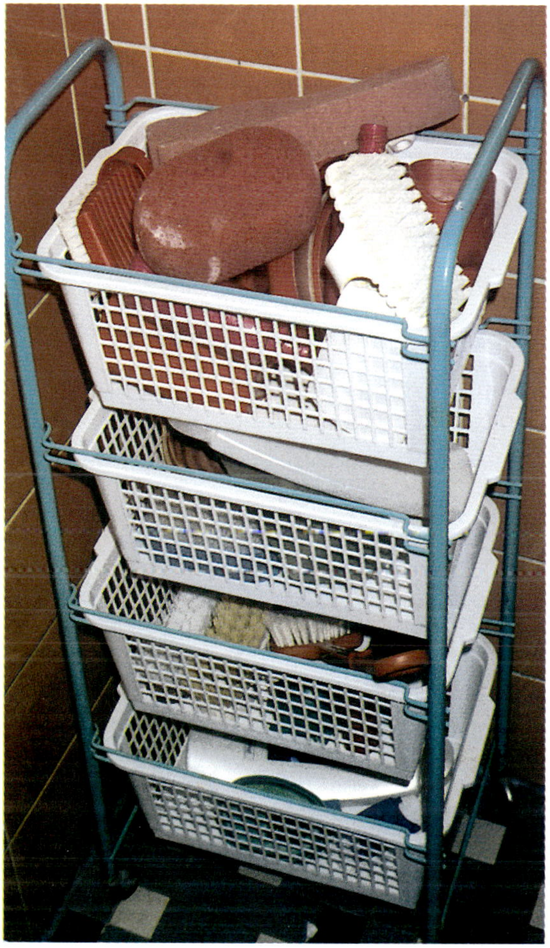

Formaten: breit und lang, groß, zur Betrachtung des ganzen Körpers, und kleine, als Spiegelkachel, um einen Ausschnitt zu sehen. »Sie regen dazu an, sich mit sich selbst zu beschäftigen, Spiele zu erfinden, Spaß und Faxen zu machen, Mimik und Gesten auszuprobieren, sich mit anderen zu vergleichen, neue Blickwinkel zu erforschen. Spiegel fordern zur Kommunikation auf und fordern das Denken heraus. Spiegel stiften Verwunderung, Staunen, Verwirrung, Erkenntnis.«[3]

Häufig lassen sich solche Anregungen schwer umsetzen, weil der knappe Platz an den Wänden durch Handtuchhaken belegt ist. Nach unseren Erfahrungen ist es nicht sinnvoll, von kleinen Kindern zu erwarten, dass sie ihr eigenes Handtuch benutzen, selbst wenn der Haken mit einem ihnen bekannten Symbol versehen ist. Aber auch wenn die Kinder ihr eigenes Handtuch benutzen, ist dieser Vorteil abzuwägen gegen den Nachteil des großen Platzverbrauchs. Wir schlagen stattdessen vor, entweder einen Papierhandtuchbehälter anzubringen oder ein paar große Handtücher aufzuhängen, die ein- bis zweimal täglich gewechselt werden. Außer für Spiegel braucht man den Platz im Raum für ein Regal mit Material, besser noch für ein zweites für die Kleidung, alles in Kinderhöhe erreichbar, damit die Kinder auch selbständig aktiv werden können.

Wegen der vielen schallreflektierenden Flächen hallt es im Waschraum. Das wird man nicht verhindern können. Man kann es als eigene akustische Atmosphäre des Waschraums betrachten, die ihn von anderen Räumen unterscheidet.

3 *Kornelia Schneider: Krippenbilder. FIPP Verlag, Berlin 1990,. S. 101*

Wem es zu laut ist, der könnte Stoff- oder Kunststoffbahnen an der Decke anbringen, die, wenn sie lichtdurchlässig sind, bei greller Neonbeleuchtung noch den Nebeneffekt haben, dass sie dem Raum angenehmes Licht geben. In aller Regel haben Waschräume Deckenleuchten, die zum Putzen ja auch benötigt werden. Schön wäre, wenn die Waschräume noch eine zusätzliche »Stimmungsbeleuchtung« erhielten, zum Beispiel durch mehrere kleine Lampen.

Wenn Waschräume bis zur Decke gekachelt sind, was übrigens nicht nötig ist, bleibt für die Farbgestaltung wenig Spielraum. Sind Wandflächen vorhanden, schlagen wir vor, sie, abgestimmt auf die Kacheln, in Farben des Wassers oder der Sonne zu streichen, also in Blautönen bis hin zum Türkis, Gelb und Gelborange.

Kacheln sind ein charakteristisches Merkmal des Waschraums. Durch sie unterscheidet er sich von allen anderen Räumen. Ihre Gestaltungsmöglichkeiten sollte man nutzen. Man kann die glatte Kachelwand durch Spiegelkacheln auflockern und mit Mosaiken bekleben. Je nach Farbe und Muster der vorhandenen Ka-

cheln ist es aber vielleicht auch besser, sie unter Fotos oder großen Objekten verschwinden zu lassen. Mit durchsichtigen, farbigen Folien an den Fenstern macht es Spaß zu experimentieren. Man kann dadurch den Waschraum immer mal wechselnd in ein attraktives, farbiges Licht tauchen. Geflochtene Weidenregale passen gut in den Waschraum, ebenso wie ein Aquarium und eine Wassersäule. Wenn es tatsächlich einmal einen Waschraum mit viel Platz gäbe, könnten wir uns dort einen Liegestuhl oder gar einen Strandkorb vorstellen.

Der Waschraum ist ein klassischer Funktionsraum, das heißt ein Raum mit nur einer Funktion – und zwar zur Körperpflege. Durch eine veränderte Ausstattung, vor allem durch ein reichhaltiges Materialangebot, wird seine Funktion erweitert. Zur Körperpflege kommt die Gelegenheit für Wasserspiele hinzu. Dieses Angebot wird von den Kindern in der Regel selbstständig genutzt. Die Erzieher/innen können sich darauf beschränken, dafür zu sorgen, dass die Regeln, die für die Nutzung des Waschraums als Wasserspielraum entwickelt wurden, bekannt

sind und eingehalten werden. Dafür muss nicht eine Erzieherin zuständig sein. Im Gegenteil – damit das Ganze täglich funktioniert, müssten sich alle Erzieher/innen auf gemeinsame Regeln verständigen und sich für deren Einhaltung verantwortlich fühlen.

Darüber hinaus bieten die Aktivitäten der Kinder im Wasserspielraum viele verschiedene Anknüpfungspunkte für gemeinsame Aktionen mit den Erzieher/innen. Deshalb wäre zu überlegen, ob neben der Regelung der alltäglichen Abläufe noch eine Erzieherin für Projekte im Wasserspielraum zuständig ist, oder ob mehrere Erzieher/innen, ihren Neigungen entsprechend, Angebote machen, denn einige interessiert vielleicht der ökologische Aspekt und andere möchten eher experimentieren und basteln.

## Planungshilfen für Wasserspielräume

**1. Räumliches**

Hinweise für die Planung neuer Waschräume:

- Trennung der Sanitärräume in Toiletten- und Waschräume
- natürliches Licht und Belüftung durch Fenster, deshalb keine innen liegenden Waschräume
- keine Lichtbänder, sondern Fenster
- funktionierender Abfluss im Boden
- Waschrinnen aus Porzellan oder Kunststoff zur Körperpflege und für Wasserspiele – statt Waschbecken
- keine separate Dusche, sondern ein großes, in den Waschraum integriertes Duschbecken zum Planschen
- Die Heizung muss so dimensioniert sein, dass es für die Kinder angenehm ist, barfuß und in Badesachen im Waschraum zu spielen.
- Papierhandtuchbehälter oder Haken für ein paar Handtücher, statt Platz für Handtuchhaken, die der Anzahl der Kinder in der Gruppe entsprechen

**2. Ausstattung**

Gelegenheiten für Wasserspiele in vorhandenen Waschräumen:

- Waschrinne aus Porzellan oder Kunststoff, statt zwei bis drei Handwaschbecken – oder ein Tisch für Wasserspiele
- Regal mit Materialien: Becher, Flaschen, Messbehälter, Trichter, Schläuche, Schöpfkellen, Schwämme, Waschlappen, Tischtennisbälle, Korken, Holzstücke, kleine Steine, Muscheln usw.
- verschiedene Spiegel
- Regal mit Körben für die Kleidung, die die Kinder ausziehen, sowie für Badezeug oder Unterwäsche zum Wechseln

**3. Akustik**

- Wegen der vielen schallreflektierenden Flächen könnte es im Waschraum einen Schallschutz an der Decke geben, zum Beispiel in Form von Stoff- oder Kunststoffbahnen.

**4. Beleuchtung**

- Zusätzlich zu den für die Reinigung benötigten Deckenrasterleuchten sollten Beleuchtungskörper über den Waschrinnen für angenehmes Licht sorgen. Eventuell kann eine grelle Neonbeleuchtung durch eine abgehängte Decke aus lichtdurchlässigen Stoff- oder Kunststoffbahnen in angenehmes Licht verwandelt werden.

**5. Farbe**

- Wenn die Waschräume bis zur Decke gekachelt sind, bleibt für die Farbgestaltung wenig Spielraum. Die Farbe der Kacheln steht fest. Man kann aber die Gestaltungsmöglichkeiten der Kacheln nutzen. Sind Wandflächen vorhanden, kann der Waschraum, abgestimmt auf die Kacheln, in den Farben gestrichen werden, die sich mit Wasser und Sonne assoziieren lassen.

**6. Ästhetik**

- Kacheln sind charakteristisch für die Gestaltung des Waschraums. Je nach dem Aussehen der Kacheln, die man vorfindet, kann man sie durch Spiegelkacheln auflockern, mit Mosaiken bekleben oder mit Objekten und großformatigen Fotos behängen.

**7. Inhaltliches**

- Das Thema Wasser bietet viele Anknüpfungspunkte. Man kann sich ebenso mit ökologischen Aspekten beschäftigen wie mit physikalischen Experimenten, sich für Wassergeräusche interessieren oder für Wasser-Geschichten.

**8. Organisatorisches**

- Für die Regelung der alltäglichen Abläufe im Wasserspielraum müssen sich alle Erzieher/innen auf gemeinsame Regeln verständigen und sich für deren Einhaltung verantwortlich fühlen. Darüber hinaus könnte entweder eine Erzieherin für Projekte im Wasserraum zuständig sein oder auch mehrere Erzieher/innen, die, ihren Neigungen entsprechend, Angebote machen und dann jeweils für Materialbeschaffung und Aufräumen zuständig sind.

**9. Regeln**

- Mit den Kindern muss unter anderem besprochen werden, wie sie ihre Kleidung schützen und wie sie Wasserverschwendung vermeiden.

**10. Einbeziehung der Eltern**

- Schriftliche und mündliche Erläuterungen des Sinns von Wasserspielen können zum Verständnis beitragen. Vielleicht lassen sich auch einige Eltern dazu animieren, sich an der Umgestaltung zu beteiligen oder die Aktivitäten ihrer Kinder durch das Sammeln von Materialien zu unterstützen.

**11. Absprachen zwischen hauswirtschaftlichem Personal und Pädagogen**

- Ebenso wie bei Eltern muss in der Regel bei den Kolleginnen aus dem Hauswirtschaftsbereich für die Ermunterung der Kinder zu Wasserspielen geworben werden. Über die zusätzliche Arbeit sollte offen gesprochen und für alle Seiten akzeptable Lösungen gefunden werden.

# Nachwort – Räume bilden?

Bildung ist ein Begriff, der seit einiger Zeit in der öffentlichen Diskussion nahezu inflationär in Gebrauch ist und mit dem sich weitreichende Hoffnungen hinsichtlich der Zukunftsfähigkeit des Industriestandorts Deutschland ebenso verbinden wie gesteigerte Erwartungen an die öffentlichen Bildungssysteme. Erstaunlich ist dabei, dass sich niemand so genau festlegen will, was der Begriff eigentlich bedeuten soll. Er ist als »deutsches Container-Wort« bezeichnet worden, das mit vielfältigen und teilweise widersprüchlichen Inhalten gefüllt worden ist, seit Wilhelm von Humboldt vor rund 200 Jahren den Container in Umlauf gebracht hat. Humboldt selbst meinte, dass »Bildung die Anregung aller Kräfte eines Menschen sei, damit diese sich über die Aneignung der Welt in wechselseitiger Ver- und Beschränkung harmonisch-proportionierlich entfalten...«. Das klingt nicht sehr zeitgemäß, wirft aber immerhin die Frage auf, ob und warum mit der Anregung aller Kräfte eines Menschen bis zu seinem Schuleintritt gewartet werden sollte.

Bildung also von Anfang an? Dann müßte aber doch wohl die Bildungsdiskussion über Schule und Hochschule hinaus auf Familie und Kindertagesstätten ausgedehnt werden. Was um Himmels willen sollte dann aber »Bildung« in der heutigen Zeit bedeuten, wenn der Begriff schon ohne diese Ausdehnung auf die Lebensspanne unklar ist?

Versucht man den Stand der Kenntnisse über die Art und Weise, wie Kinder sich die Welt aneignen und dabei selbst ein Teil der Welt werden, zu überblicken, dann fällt auf, dass Kinder sich in den ersten Lebensjahren ein außerordentlich großes Maß an Kompetenzen und Kenntnissen aneignen, ohne dass sie durch Erwachsene belehrt werden könnten, denn sie verstehen ja zunächst die Sprache der Erwachsenen gar nicht. Die einzig mögliche Antwort auf die Fragen, die dieser Sachverhalt sofort aufwirft, ist, dass Kinder offensichtlich über eigene Möglichkeiten verfügen, sich ein Bild von der Welt und ihren Beziehungen zu machen. Und tatsächlich stimmen hier fast alle wissenschaftlichen Aussagen überein: Kinder machen sich ein Bild von der Welt und von sich selbst in ihrem Verhältnis zur Welt, sie schaffen eine innere Welt der Bilder und Begriffe und Gefühle, durch die sie handlungsfähig werden in der äußeren Welt. Sie bilden sich eine innere Welt, die zusammen mit dem, was sie als genetische Dispositionen mitbringen, ihr Selbst ausmacht. Bilden Kinder sich selbst?

Dürfen solche Gedanken gedacht werden? Sind solche Ideen nicht völliger Unsinn, weil doch jeder weiß, dass Kinder ohne die Erwachsenen gar nicht leben könnten und wenn sie sich selbst bilden würden: Wo blieben da die Pädagogen? Und die Kultur, die doch schon immer von der älteren an die jüngere Generation weitergegeben werden mußte? Das würde ja wohl auch heißen, dass Bildung in der Autonomie der Kinder läge, und hieße das nicht, die Dinge wirklich auf den

Kopf zu stellen? Seit es Menschen gibt, waren es doch die Erwachsenen, die den Kindem die wichtigen Dinge beigebracht haben, anders geht es doch auch gar nicht! Andererseits: Seit es schriftliche Überlieferungen gibt sind auch Klagen der Erwachsenen überliefert, dass Kinder und Jugendliche nicht so wollten, wie sie sollten und schon Sokrates hat den grundsätzlich richtigen Schluss gezogen, dass Erziehung die leidige Aufgabe habe, etwas zu bestimmen, was nicht bestimmt werden könne. Über Comenius (...dass nichts bestimmt werden kann und darf, was sich selbst bestimmt...) bis in die heutige Zeit wird von denjenigen, die sich ernstlich mit Pädagogik auseinandersetzen, eben auf diese Eigenart menschlicher Entwicklung hingewiesen. Der Tübinger Erziehungswissenschaftler Ludwig Liegle hat kürzlich den Stand der Diskussion wie folgt zusammengefasst: »Erziehung muss sich daher, ob es ihr gefällt oder nicht, darauf einstellen, dass die Entwicklung des Kindes die Gestalt einer dauernden Autopoiesis hat.« Entwicklung als Autopoiesis, als Werk des Kindes selbst.

Bilden Kinder sich also selbst? Soweit unser Wissen reicht: Ja, Kinder bilden sich selbst, in dem sie auf der Grundlage ihrer Wahrnehmungs und Erfahrungsmöglichkeiten eine zweite Realitätsebene in Kopf und Körper erreichen, die kein bloßes Abbild der äußeren Realität ist, sondern eine Konstruktion. Wir sprechen vom »konstruierenden Kind«, um diesen Sachverhalt deutlich hervorzuheben. So schwer es auch fallen mag, eine solche Vorstellung zu akzeptieren: Es ist höchste Zeit, zu prüfen, ob eine solche Theorie über Bildungsprozesse nicht besser geeignet ist, der Bedeutung, die wir »Bildung« zumessen, besser gerecht zu werden als alle bisherigen Entwürfe, die Kinder als Objekt der Bildungsbemühungen von Erwachsenen sehen wollen. Eine gute und allen zugängliche Möglichkeit, die Tragfähigkeit eines auf die Selbsttätigkeit des Kindes sich stützenden Bildungskonzepts zu prüfen ist, die Konsequenzen daraus zu überdenken und mit der Wirklichkeit zu vergleichen.

Begreift man Bildung als Selbstbildung, wird sofort klar, dass alle Bemühungen, Bildung über die Formulierung von Bildungszielen zu definieren, unzulänglich sind, denn sie berücksichtigen nur die gesellschaftliche oder kulturelle Dimension von Bildung, ziehen aber die Prozessgrundlage im Individuum nicht in Betracht. Die aktuelle Bildungsdiskussion verkürzt Bildung in eben dieser Weise auf die Formulierung von Schlüsselqualifikationen, deren Erwerb dann nur noch gefordert wird, ohne dass der Prozess des Erwerbs selbst berücksichtigt würde. Bildung wird als Aktivität der Erwachsenen gegenüber dem Kind missverstanden. Wenn Bildung aber eine Aktivität des Kindes ist, so greift der bisherige Bildungsbegriff zu kurz.

Nun darf keinesfalls davon ausgegangen werden, dass Erwachsene für die Bildungsprozesse der Kinder keine Rolle spielen, denn das würde jeder Erfahrung widersprechen. Was aber ist die Rolle des Erwachsenen, wenn Bildung Selbstbildung des Kindes ist? Die Aktivität des Erwachsenen nennen wir Erziehung und ebenso, wie der Bildungsbegriff neu gedacht werden muss, trifft dies auch auf den der Erziehung zu, wenn er nicht eine »Zombie-Kategorie« bleiben soll, die für die Arbeit an den drängenden Problemen dieser Gesellschaft unbrauchbar wäre. Erziehung kann dann nicht länger das notfalls gewaltsame Einfädeln der nachwachsenden Generation in bestehende Verhältnisse sein, deren Wandelbarkeit zudem zur zentralen Randbedingung jeder Pädagogik geworden ist. Erziehung – neu gedacht – hätte die Autonomie des sich bildenden Kindes zu respektieren und könnte dann grundsätzlich drei Formen annehmen:

- die Gestaltung der Umgebung der Kinder und damit einer Auswahl dessen, was Gegenstand der Konstruktionen der Kinder sein kann,
- die Beantwortung der Themen der Kinder und der Fragen, die sich ihnen damit verbinden,
- die Zumutung von Themen, denn jeder Dialog berücksichtigt die Themen beider Seiten.

Zur Gestaltung der Umgebung gehört die der Räume, in denen Kinder leben als eine zentrale Aufgabe. Denn damit wird darüber entschieden, was in die Weltkonstruktionen der Kinder eingehen kann, was in welcher subjektiven Interpretation auch immer überhaupt Bestandteil der »inneren Welt« werden kann, an deren Konstruktion sie so unermüdlich arbeiten. Es spricht für die Tiefe der Einsicht der Pädagog(inn)en aus Reggio in die Natur elementarer Bildungsprozesse, wenn dort die Rolle des Raumes als eines dritten Erziehers so betont wird. Die volle Bedeutung dieser Aussage wird erst vor dem Hintergrund der Neuformulierung von Bildung und Erziehung und ihres Verhältnisses zueinander erkennbar.

Räume bilden? Die Gestaltung der Räume ist eine zentrale Aufgabe von Erziehung als Antwort der Erwachsenen auf die Bildungsbewegung der Kinder. Ohne eine solche Antwort erlischt diese Bewegung, eine ärmliche Antwort enthält den Kindern eine Erfahrung des Formen- und Perspektivenreichtums der Welt vor, eine gelungene Antwort macht diesen Reichtum für ihre Konstruktionen verfügbar. Eine unserer Hoffnungen auf eine neu zu denkende Pädagogik gründet sich auf das Vorhandensein gelungener Raumkonzepte in der Praxis, von denen dieses Buch handelt.

Berlin, März 2001
Hans-Joachim Laewen

# Bezugsquellen

Die Bezugsquellen, zum Beispiel für Sajade*, Bausteinhocker, Großbausteine und Waschrinnen sowie Adressen von Handwerkern, Planern und Fortbildnern, die im Sinne eines kindorientierten Raumgestaltungskonzepts arbeiten, können Sie unter folgenden Adressen anfordern. Dort werden auch Hospitationen in Kindertagesstätten vermittelt, die ihre Räume umgestaltet haben.

Für das Hamburger Raumgestaltungskonzept:
Kinderkultur e.V., c/o Katja Buck, Am Stühberg 68, 21256 Handeloh,
Tel.: 04108-416233, Fax: 04108-416236,
E-Mail: kinderkulturhamburg@gmx.de

Auf den Internetseiten der Firma Kameleon (www.kameleon.de) finden Sie viele in unserem Buch beschriebenen Spiel- und Baumaterialien wieder. Dort werden auch einige nach dem Ham burger Raumgestaltungskonzept umgesetzte Planungen dokumentiert und erläutert.

* Sajade ist eine aus Baumwolle, Textil-, Holz- und Pflanzenfasern bestehende und mit Zellulose gebundene Masse. Sie wird mit einer Kunststoffkelle nahtlos ca. 1,2 bis 2,5 Millimeter auf Decken und Wände aufgetragen.

Sajade wirkt wie eine sehr grobe Raufasertapete, bleibt aber dauerhaft elastisch. Sie steht in ca. 50 verschiedenen Farb- und Strukturvarianten zur Verfügung, die man auch selbst mischen, färben oder mit Glitter und Effektmaterial anreichern kann. Sajade wirkt feuchtigkeitsregulierend und wärmedämmend, ist schwer entflammbar (nach B 1), farbecht und ökologisch. Sie absorbiert störende Dröhn- und Hallgeräusche ungewöhnlich gut. (Bei 2,3 Millimeter Auftragsstärke und einer Frequenz von 4000 Herz beträgt der Schallabsorptionsgrad 40 Prozent.)

www.jadecor.de

# Fotos

Klaus Dombrowsky
Paja Blaue
Friderike Winkler-Rufenach
Klaus Miedzinski
Mitarbeiter/innen der Kita Hohenzollernstraße,
Matthias Buck,
Angelika von der Beek
Marion Schmidt-Hietschhold vom »Piazza«

# Autoren

Angelika von der Beek, Jahrgang 1949, Diplom-Pädagogin, hat in Frankfurt Pädagogik, Soziologie und Psychologie studiert, ist in verschiedenen Bereichen, u.a. Schulsozialarbeit und Familienbildungarbeit, tätig gewesen; langjährige Fachberaterin für Kindertagesstätten, Mitglied im Vorstand von Dialog-Reggio; arbeitet als Fortbildnerin und lebt in Köln.

Matthias Buck, Jahrgang 1960, Tischler, Innenarchitekt und freischaffender Künstler, hat Pädagogik studiert und neben seiner handwerklichen eine künstlerische Ausbildung absolviert; machte sich 1988 selbständig und arbeitet seitdem mit Handwerkern, Architekten, Pädagogen und Künstlern in der Planung und Gestaltung von Räumen für Kinder zusammen; lebt in Handeloh in der Nordheide.

Annelie Rufenach, Jahrgang 1949, Diplom-Sozialpädagogin, hat 1969 in Lübeck an der Fachschule für Sozialpädagogik ihre Ausbildung zur staatlich anerkannten Erzieherin gemacht. Nach zweijähriger Berufspraxis als Erzieherin in München hat sie 1975 an der Fachhochschule für Sozialpädagogik in Hamburg mit dem Schwerpunkt Heilpadagogik studiert. Als Sozialpädagogin ist sie in heilpädagogischen Einrichtungen tätig gewesen, seit 1977 arbeitet sie in leitender Position in Kindertagesstätten in Hamburg.

## DANK

Wir danken Rolf-Dieter Harbach-Rufenach, Katja Glanz, Edeltraud Janta, Ditha und Rosa von der Beek für ihre praktische Unterstützung und die liebevolle Begleitung unseres Projekts sowie den Erzieher/innen und Leiter/innen, die engagiert mit uns zusammenarbeiten, und selbstverständlich allen beteiligten Kindern und Eltern.